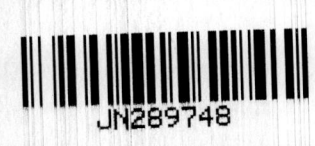

知識ゼロからの会議・プレゼンテーション入門

弘兼憲史

Kenshi Hirokane

Improve you presentation!

会議・プレゼンテーション◉弘兼憲史
幻冬舎

はじめに

会議はビジネスシーンに欠かせない要素だ。今日も多くの事柄が会議で決定され、企業の方向性を決めている。

企業に就職して、ある程度の時間が経《た》つと、そんな会議への出席を命じられる。

ボクが電機メーカーに就職し、『島耕作』と同じ販売助成部に勤務していた時も、当然会議はあった。初めて参加したのは部署内の打ち合わせであったが、どう発言したらよいのか、会議のどこが重要なポイントなのかさえもわからず苦労した記憶がある。

一方で会議は、よく「二時間もかけて会議をしたのに、結局何も決まらないまま終わってしまった」「部長のひと言で何回も会議を重ねた末の決定事項が覆されてしまった」などと、否定的な声が聞かれ、邪魔者扱いされる傾向にある。

それもそのはず、会議の多くは主催する人物が進行役も務め、自分の思うように会議を進める。会議を主催するほどの人物となると、会議の参加者よりも上の立場にいる場合が多く、参加者たちは積極的に意見が言えない。

こうして会議を仕切る人物が一方的に意見を押しつける形で会議が終わる。ボクが電機メーカーで働いていたサラリーマン時代にもこうした会議は往々にして存在し、出席させられるたびにうんざりしたものだ。

こうしたなか、ファシリテーション型会議というものが注目されているという。ファシリテーターと呼ばれる進行役が、中立の立場で参加者の意見を引き出し、建設的な結論へと導くものだ。だが、実際にこの会議をやろうとしても、やり方がわからないのではないだろうか。

こうした会議に関する現状を踏まえ、本書では、会議に参加する際の心得に始まり、プレゼンテーションの技術、進行役を任された際の仕切り方まで、会議に関するハウツーをＱ＆Ａ方式で解決していく。迅速かつ有意義な会議を生み出す技術を身につけ、スピードが重要とされる現代のビジネス社会に対応していってほしい。

弘兼 憲史

目次

知識ゼロからの会議・プレゼンテーション入門

はじめに

プロローグ 会議とは何か？……9

【会議を開くわけ】会議はなぜ開かれるのですか？……10

【会議の四つのプロセス】会議はどのように進んでいくのですか？……12

コラム・会議の登場人物―会議成功のカギを握る人々―……14

STEP 1 会議への参加……15

【STEP1のポイント】会議への参加が決定したら、まず何をすればよいのか？……16

【アジェンダの確認】開催通知はどう見ればよいのですか？……18

【会議参加の準備】会議までにどんな準備をするのですか？……20

【意見の構築】意見はどのように組み立てればよいのですか？……22

【意見の聞き方】他の参加者の意見を聞く時のポイントは何ですか？……24

【会議の種類と要点】会議の種類に応じた聞き方を教えて下さい。……26

【意見を言う】発言する時の注意点は何ですか？……28
【質問をする】的確な質問をするにはどうしたらよいですか？……30
【反論をする】確執を生まない反論のしかたはありませんか？……32
【質問・反論に答える】反論にはどう答えたらよいですか？……34
コラム・隣の会社のすごい会議①・会議で行なう人材育成法……36

STEP 2

説得の準備……37
【STEP2のポイント】プレゼンテーションには、どのような準備が必要なのか？……38
【プレゼンの目的と情報収集】プレゼンを任された時、まずすべきことは何ですか？……40
【プレゼンテーションの構成】構成はどのように組み立てるのですか？……42
【つかみと結論】聴衆の心をつかむコツを教えて下さい。……44
【魅せる企画書の作り方】企画書はどのように作るのですか？……46
【図版の作り方】見やすい企画書にするポイントとは何でしょうか？……48
【プレゼンの服装】どのような格好で臨めばよいでしょうか？……50
【リハーサル】リハーサルではどこをチェックすればよいでしょうか？……52
【根回し】プレゼン前の根回しの順番を教えて下さい。……54
コラム・隣の会社のすごい会議②・付箋・模造紙の有効活用……56

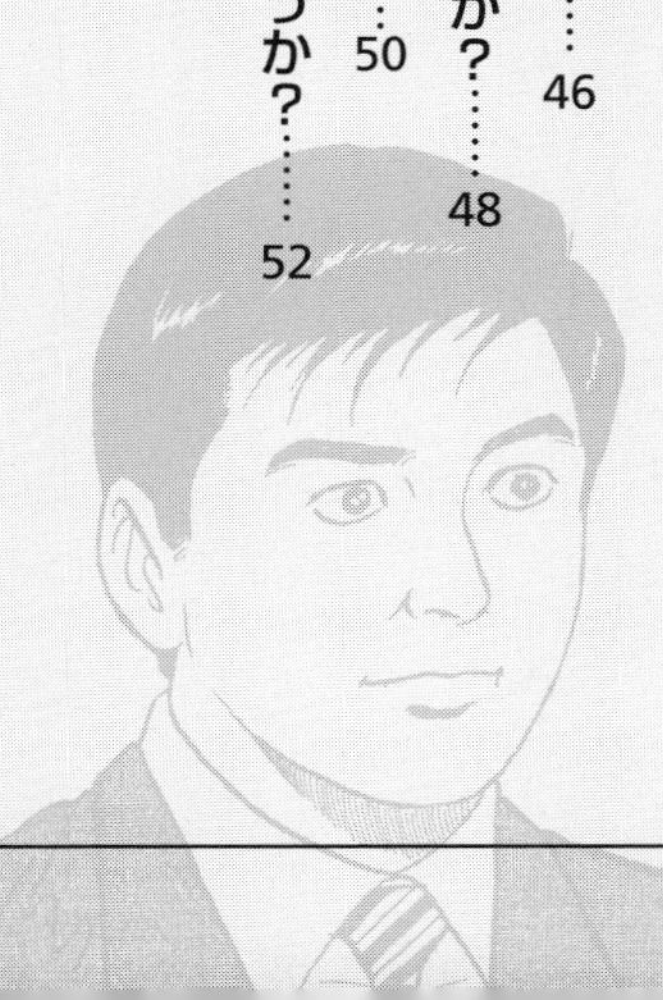

STEP

3

説得の方法……57

【STEP3のポイント】

プレゼンテーションにおいて聴衆を説得するにはどのようなテクニックが有効なのか？……58

【ボディランゲージ】手をどう動かせば効果的でしょうか？……60

【ビジュアルツールの使い方】OHPはどのように使えば効果的ですか？……62

【パワーポイント】パワーポイントを使った図版の作り方を教えて下さい。……64

【聴衆に想像させる】聴衆を説得するコツを教えて下さい。……66

【たとえ話】専門用語はどしどし使うべきですか？……68

【質問タイム】聴衆の理解度を確かめる方法はありますか？……70

【突発的事態】予想外の質問にはどう答えるべきでしょうか？……72

【利害対立者の説得】利害が対立する聴衆の説得方法を教えて下さい。……74

【データの見せ方】インパクトの強いデータはどこで見せるべきですか？……76

【強調するポイント】論拠はどのように強調すればよいでしょうか？……78

【嫌われるプレゼンター】どのような態度が嫌われますか？……80

【しぐさと心理】聴衆の心理はどのように読めばよいのですか？……82

【質疑応答】質疑応答を成功させるポイントを教えて下さい。……84

【失言解消法】失言にはどう対処すべきですか？……86

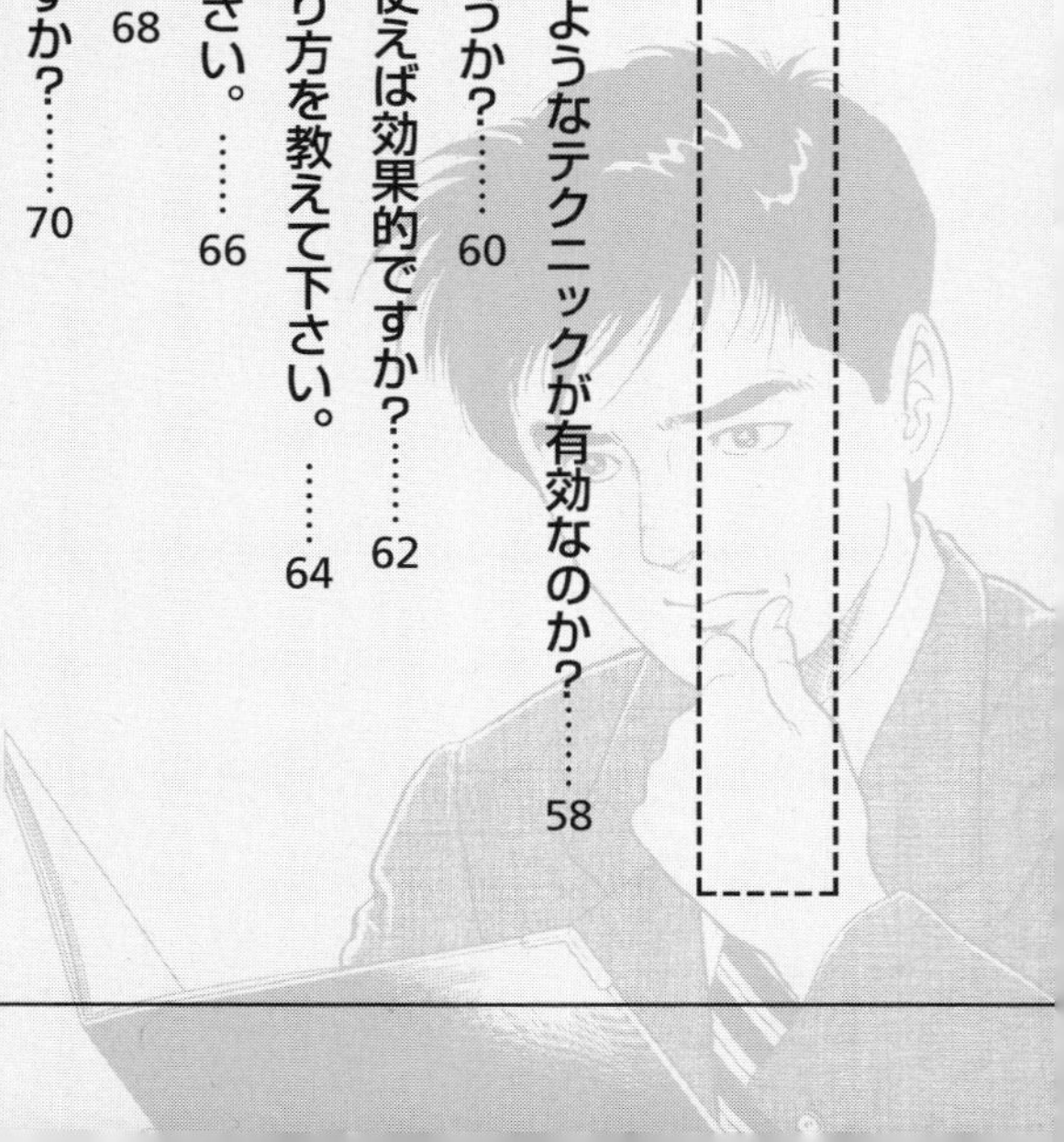

【クロージング】プレゼンから契約を取り付けるコツは何ですか？……88
【プレゼンテーションの評価】プレゼンテーションの評価はどこを見るべきですか？……90
コラム・隣の会社のすごい会議③・ブレーンストーミングの有効活用……92

STEP 4

会議の準備……93
【STEP4のポイント】会議の進行を任されたら、どのような準備が必要なのか？……94
【会議のアウトラインを決める】会議を開くにあたりまず何をするべきですか？……96
【タイムスケジュール】会議の所要時間はどのように予測すればよいですか？……98
【会場選びとレイアウト】会場を決める際のポイントを教えて下さい。……100
【備品の調達】備品調達において留意すべきことは何でしょうか？……102
【アジェンダの作成】開催通知はどのように作るのですか？……104
【記録係の役割】記録係はどのような人物が適任ですか？……106
【全員参加の新しい会議】ファシリテーション型会議とは何ですか？……108
【ファシリテーターの役割】ファシリテーターはどのような仕事をするのですか？……110
コラム・隣の会社のすごい会議④・ワークアウトの成功例……112

STEP 5

会議の進め方……113

【STEP5のポイント】会議をスムーズに進めるにはどのようなテクニックを用いればよいのか？……114

【会議の始まり】進行役がまずすべきことは何ですか？……116

【会議の性格に応じた進め方】様々な種類の会議を有意義なものとするコツは何ですか？……118

【厄介な参加者】進行を妨げる行為にはどう対処したらいいですか？……120

【ブレーンストーミング】意見を量産するよい方法を教えて下さい。……122

【意見が出ない時】意見が出なくなった時の対処法を教えて下さい。……124

【発言しない参加者】黙っている人から意見を引き出すコツは何ですか？……126

【質問・反論のない会議】反対意見を促す方法を教えて下さい。……128

【少数意見】少数意見はどう扱えばよいのでしょうか？……130

【激論解消法】激論になった時はどう対処すればよいのですか？……132

【会議を要約する】ずれた議論の方向性を戻す方法はありますか？……134

【時間管理】会議を時間内に終わらせるコツを教えて下さい。……136

コラム・隣の会社のすごい会議⑤・海を越えたファシリテーション型会議……138

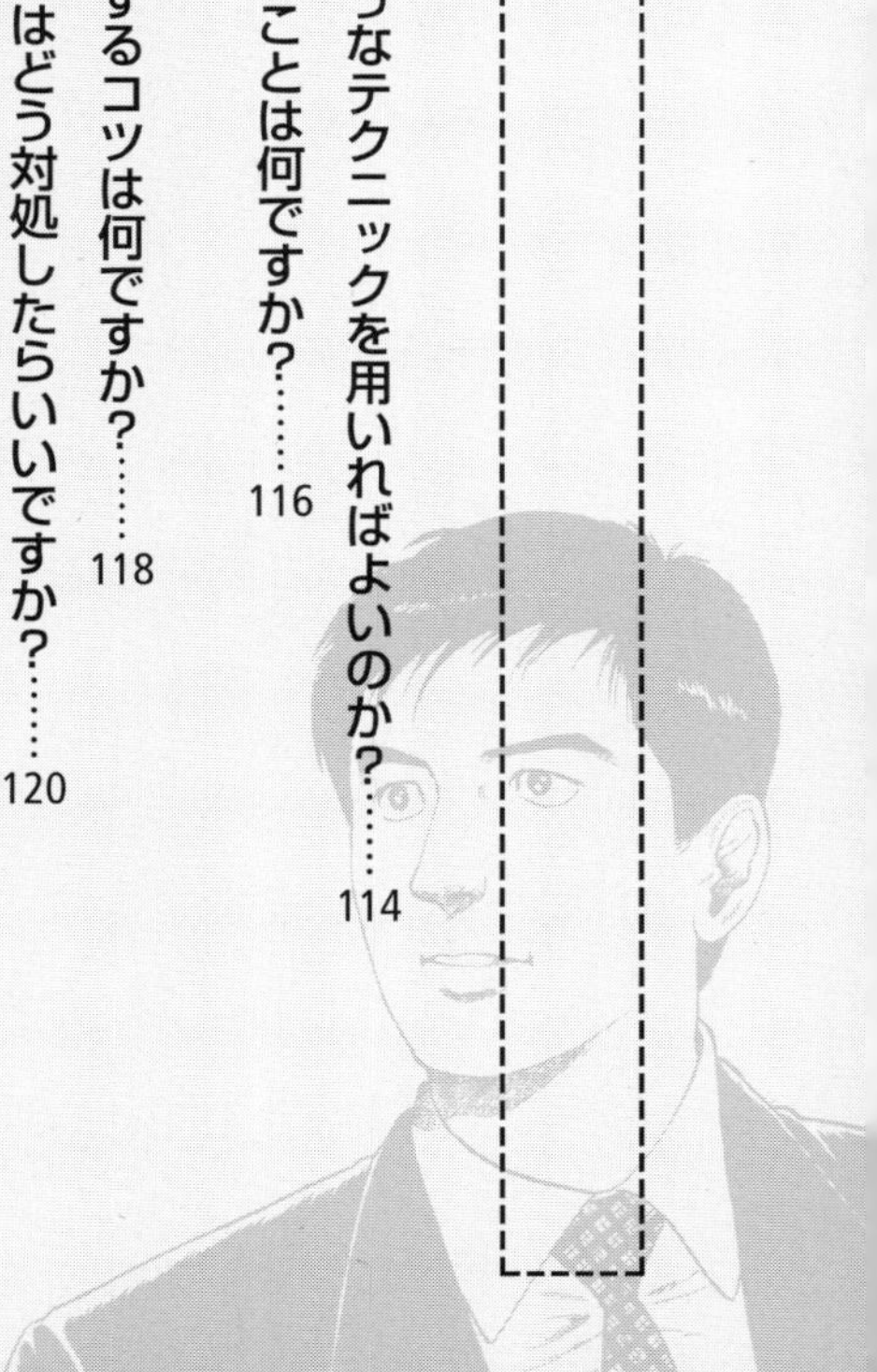

STEP 6

会議のまとめ方……139

【STEP6のポイント】実りある会議として終わるためにはどうすればよいのか?……140

【意見がまとまらない時】議論の堂々巡りはどう脱け出せばよいのですか?……142

【結論の出し方】結論はどの段階で出せばよいのですか?……144

【会議リーダーの役割】会議リーダーの役割とは何ですか?……146

【会議の総括と確認】会議を終える前に必ずすべきことはありますか?……148

【会議の評価】会議後、どの点を評価すればよいのですか?……150

【会議報告書の作り方】会議報告書の作り方を教えて下さい。……152

【会議報告書作成のコツ】見やすい報告書を作るヒントを教えて下さい。……154

【決定事項の実施】決定事項を確実に実行させる方法はありますか?……156

プロローグ

会議とは何か？

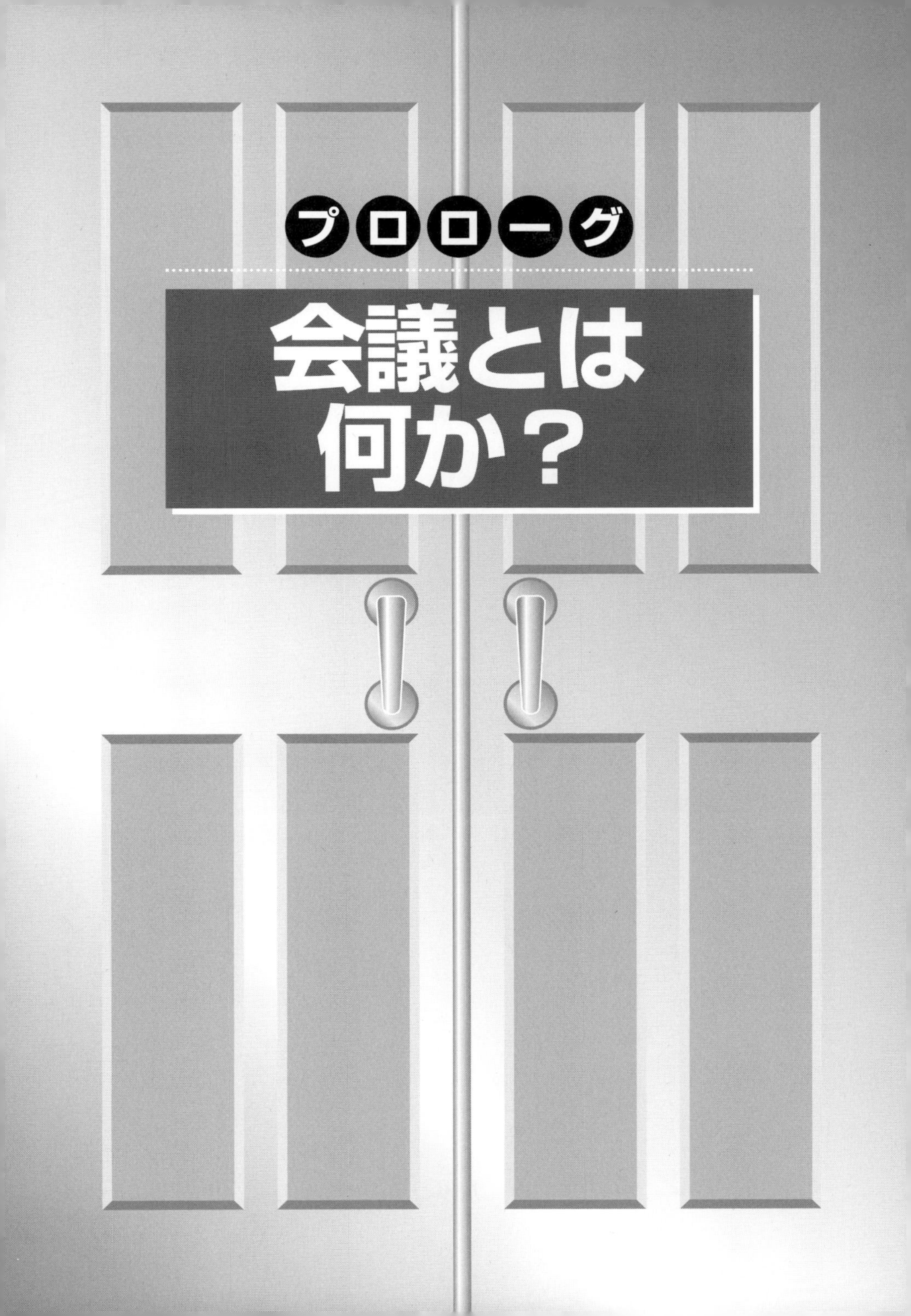

会議とは何か？

会議はなぜ開かれるのですか？

答え

会議は主に問題の解決、情報の共有、意思統一などを目的として開かれる。

基本 会議の4つの目的

① 話し合いにより職務の問題を解決する。

② 組織内の意見を統一し、協力態勢をつくる。

③ 情報を交換し、共有する。

④ 出席者に責任感を植え付け、能力向上を図る。

ビジネス社会では、今もどこかで会議が開かれ、多くの重要な案件が決定されている。

会議とは三人以上の人間がコミュニケーションをとる場のことだ。その目的はまず、社内での利害対立や職務の分担、社外との交渉・説得などといった、諸問題を話し合いで解決することにある。

次に参加者が持つそれぞれの意見を統一し、意思決定すること。参加者各自が持つ情報を、会議の参加者間で交換し、仕事の溝を埋めることも重要な目的である。

さらに、こうした会議のなかで参加者に責任感を植え付け、能力向上を図るという要素もある。

実践 会議の種類

会議の種類によって参加者の意識も大きく異なってくる。会議を取り仕切ることになったら、目的を認識したうえで、行動することが必要。

	会議の種類	内容
報告会議	進捗《しんちょく》会議	複数のチームに分かれて進めているプロジェクトについて進捗状況を報告し、状況を共有するための会議。
	情報交換会議	個々が持っている情報を提供し、また提供されることで、重要な情報を共有することを目的とした会議。
戦略会議	問題解決会議	職務の過程で発生した問題に関する解決案を練る会議。
	戦略立案会議	企業の戦略を練る会議。
	意思決定会議	プロジェクトの方向性などを決めるために招集される会議。
調整会議	利害関係調整会議	各部署間の利害が対立する場合、これを解消すべく招集される会議。
その他の会議	定例会議	定期的に開催される会議。
	緊急会議	何らかの緊急事態が発生した際に招集される会議。
	儀礼的会議	式典や経営方針発表会など形式上行なわれる会議。

1分1秒が命取り!? 会議は時間厳守！

会議の出席は時間厳守。社内の会議でもそれは同じことだ。仕事で遅れる場合は、上司または議長に相談して判断を仰ぐ。その上で到着したらひと言わびて、隣の人に今までの様子を聞き、早く参加すること。5分くらいの遅れなら許されると思ったら間違い。実は5分遅れは1時間遅れより始末が悪い。1時間も遅れたのは不可抗力の事情があったからで、事前に連絡も入れるだろう。しかし5分遅れは、大抵が気のゆるみからである。

気のゆるみからの遅刻は社会人失格だ。

会議とは何か?

会議はどのように進んでいくのですか？

答え

議題の提示に始まり、意見発表、討論を経て結論を導き出すのが一般的だ。

基本 会議のプロセス

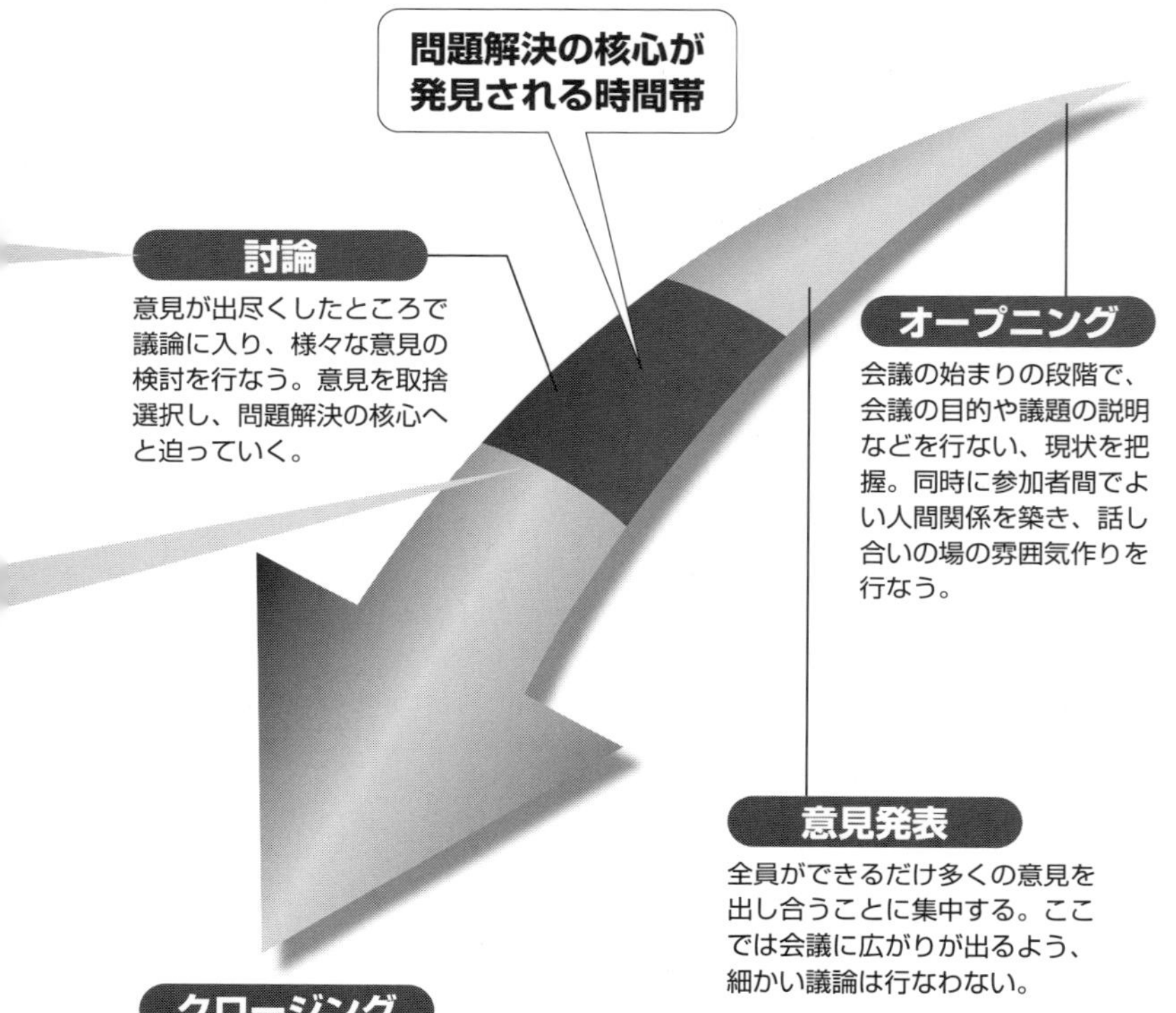
問題解決の核心が発見される時間帯
オープニング
会議の始まりの段階で、会議の目的や議題の説明などを行ない、現状を把握。同時に参加者間でよい人間関係を築き、話し合いの場の雰囲気作りを行なう。
意見発表
全員ができるだけ多くの意見を出し合うことに集中する。ここでは会議に広がりが出るよう、細かい議論は行なわない。
討論
意見が出尽くしたところで議論に入り、様々な意見の検討を行なう。意見を取捨選択し、問題解決の核心へと迫っていく。
クロージング
討論を行なって、会議が目標とする議題の解決案が見つかった時、これを基準にして結論を導き出し、合意へと展開していく。

会議には次の四つのプロセスがある。最初のプロセスとなるオープニングでは、会議運営側の挨拶《あいさつ》と、会議概要の説明とともに、意見交換が盛んに行なえるよう、会議の雰囲気作りが試みられる。

参加者同士が打ち解け、活発な意見交換が期待できるようになると、いよいよ意見発表へと移る。ここで参加者たちはそれぞれの立場から意見をできるだけ絞り出したところで、討論へと移行。

出された意見について検討しながら、多くの意見をよりよい方向に集約していく。そして、最後に結論を導き出し、その実施方法を決める。これで会議終了である。

実践 討論からクロージングへ

意見について討論することで、秀逸な意見に的を絞っていく。

活発な意見発表がされたら、クロージングへ向けて動き出す。ただ、クロージングへ入るべきポイントの判断には高度な技術が要求される。

時間の浪費に過ぎない こんな会議は×

役に立たない会議は意外に多い。

まず「責任のがれの会議」は、自分の意思決定を集団に任せるもので、個人も組織も弱体化する一因だ。人の意見に頼る「ご意見拝《はい》聴《ちょう》」や、上役が自分の意見をごり押しする「押し付け型」なども本来の会議のあり方ではない。また、目的・目標がはっきりしていない中途半端な会議や、単にコミュニケーションを図るためだけに開かれる会議、マンネリ化した会議も無用である。

無駄な会議は企業の衰退を招く。

コラム

会議の登場人物

―会議成功のカギを握る人々―

役割	担当
会議リーダー	・話し合いのテーマを決め、必要な人を確保する ・話し合いを支援し、最終的な意思を決定する ・決定事項の実行に対し責任を持ち、結果に対する責任を負う
進行役（ファシリテーター）	・中立的な立場から話し合いの進行を舵《かじ》取りする ・メンバーのアイディアを引き出し、建設的な結論へと導く ・議論を整理して、参加者全員が納得する結論を出す
記録係（書記）	・議論の内容を記録して進行役を支援する ・結論や合意事項を記した会議報告書及び議事録を作成する
タイムキーパー	・時間内に話し合いが終わるよう、時間を管理しながら進行役を支援する
プレゼンター	・会議の参加者に対してプレゼンテーションを行ない、自分が望む結果になるよう説得する
参加者（聴衆）	・会議に参加し、進行役に従って様々な意見を出し、建設的な結論にいたるよう協力する

STEP 1

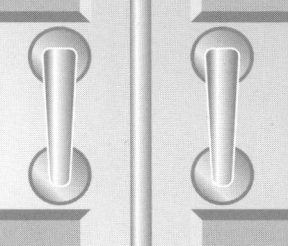

会議への参加

STEP 1
会議への参加

会議への参加が決定したら、まず何をすればよいのか?

初めて任される大仕事

企業に就職しある程度経験を積むと、やがて企画会議や報告会議など、部署内で行なわれている会議に参加する機会が出てくる。

しかし、初めて参加を命じられ、準備して来いと言われた時、一体何をすればいいのか戸惑ってしまう。

STEP 1では、初めて参加することになった会議で、失敗しないよう、準備や発言のしかたなど会議の基礎知識について解説する。

STEP 1のポイント ―会議に参加するにあたって―

1 会議に参加する前の「準備」

Q1 開催通知はどう見ればよいのですか？ ☞ P.18

Q2 会議までにどんな準備をするのですか？ ☞ P.20

Q3 意見はどのように組み立てればよいのですか？ ☞ P.22

2 会議ですべきこと

Q4 他の参加者の意見を聞く時のポイントは何ですか？ ☞ P.24

Q5 会議の種類に応じた聞き方を教えて下さい。 ☞ P.26

3 会議での発言のしかた

Q6 発言する時の注意点は何ですか？ ☞ P.28

Q7 的確な質問をするにはどうしたらよいですか？ ☞ P.30

Q8 確執を生まない反論のしかたはありませんか？ ☞ P.32

Q9 反論にはどう答えたらよいですか？ ☞ P.34

STEP 1

1 開催通知はどう見ればよいのですか？

答え

自分にとって価値あるものか、貢献できるのかを吟味して参加を判断する。

会議のアジェンダ（開催通知）が届いた時、まず出欠の判断をする。その判断基準は次のふたつ。開催される会議に確固とした目的や目標があり、自分にとって価値ある内容かどうか、そして自分が会議に貢献できるかどうかである。

目的・目標のはっきりしない会議は中途半端に終わるだけだし、貢献できない会議ではただいるだけの存在になってしまう。

それを知るためには、配布資料にしっかり目を通すこと。会議のテーマ、問題点、目的や目標をチェックして検討する。加えて、仕事との兼ね合いを踏まえて判断するのがベストであろう。

基本 アジェンダの確認

①目的を確認し、記されていない場合は進行役に確認する。

②目標を確認し、記されていない場合は進行役に確認する。

開催通知

記

下記のとおり会議を開催いたします。

◆目的　福岡営業所における売り上げ促進

◆目標　積極的な意見交換と昨今の売り上げの落ち込みの原因究明、及び新しい営業方針の決定

◆議題　福岡営業所の再生計画

◆日時　2007年4月25日（水）14時～

③議題を確認し、自分なりに問題解決に向けた意見を考えておく。

④開催日時に合わせて予定を組み、会議中に呼び出しがないように手配しておく。

実践 会議に出席するか否か決定までのプロセス

会議のアジェンダの内容と自分の状況を合わせて検討する。

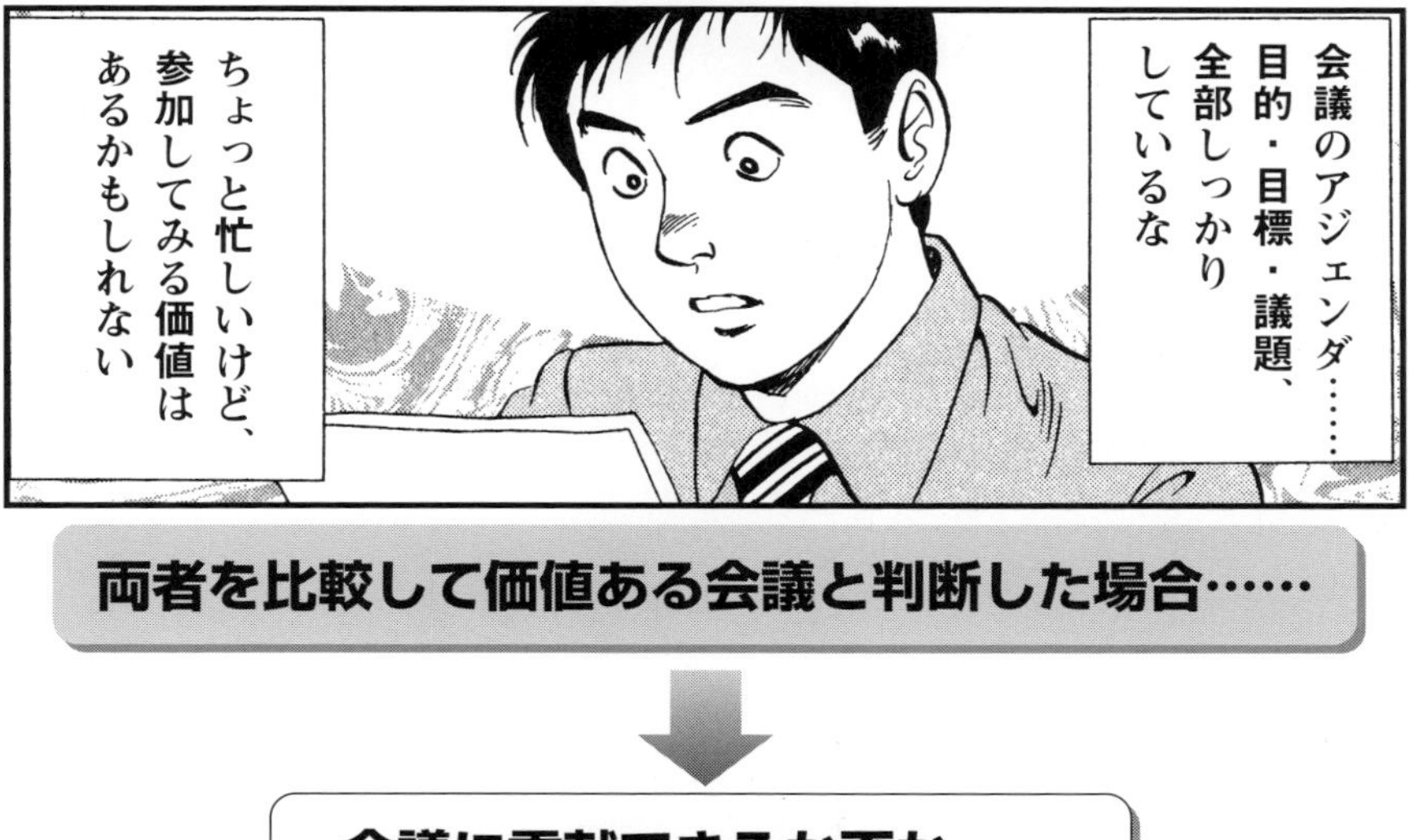

両者を比較して価値ある会議と判断した場合……

会議に貢献できるか否か……

YES! → 貢献できる＝ **出席**

NO! → **欠席** ＝貢献できない

会議までにどんな準備をするのですか？

答え

会議に関する情報を集めながら、部署内の意見も聞いておくこと。

基本 まずは資料を集める

会議への参加を決めたら……

▼

会議の内容に関する資料を集める！

えっと……

販売助成部
ガチャガチャ

会議に関連する資料は身近にあるもので十分揃えられる。パンフレットや社内データを中心に集めていくのがコツだ。

あったぞ！これだ

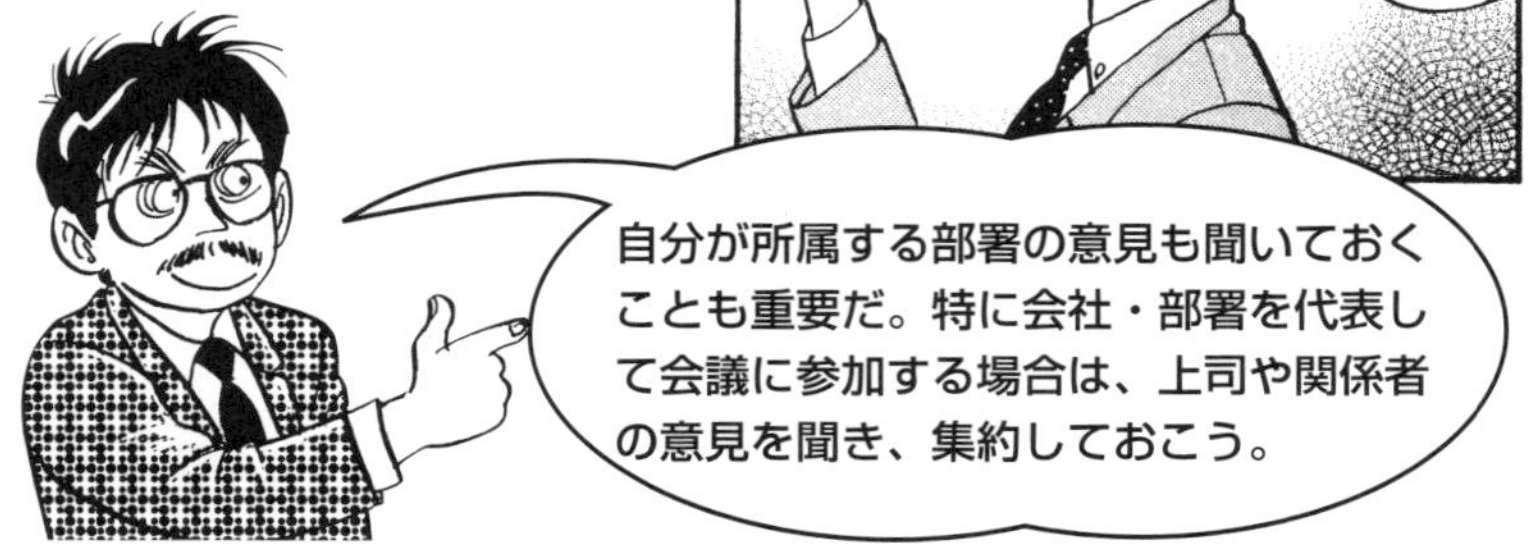
自分が所属する部署の意見も聞いておくことも重要だ。特に会社・部署を代表して会議に参加する場合は、上司や関係者の意見を聞き、集約しておこう。

会議への出席を決めたら、意見とそれに伴う資料を用意する。そのためにはまず配布資料から、自分の置かれる立場に注目したい。

議題や現状の問題点に加え、参加者の顔ぶれから、自分が何を期待されているのかを把握する。たとえば、部署代表としての出席なら、部の意見を集約しておく。

こうして意見が決まれば、次は意見を補強するデータ資料を用意する。商品のネーミングを決める会議なら、他社のネーミング例や、流行の商品名などを見せて説得力を高めていこう。一方で、会議に参加することで、業務に支障をきたさないための調整も必要だ。

実践 会議への出席にいたる準備

出席の承認と連絡 ☞P18

アジェンダを受け取り、吟味したのちに出欠を決定し、主催者にその旨を連絡する。

目的・目標のはっきりしていない会議への参加は考えものだ。自分の仕事に支障が出るだけで、結局何も決まらないまま、時間の無駄に終わる可能性が高い。

議題の研究

配布資料を読み込み、会議の細かい内容を把握する。

情報収集

他に誰が出席し、どのような意見を持っているか、自分の部署としてはどのような意見を出すべきかなど、会議に必要な情報を集める。

資料の準備

会議に関する資料を集める。また同時に自分が述べる意見の説得力を高める資料を用意しておく。

意見の用意 ☞P22

これまでに集めた情報をもとに、当日自分が述べるべき意見の構成を組み立てておく。

リハーサルと業務の調整 ☞P52

誰かを説得するための意見を述べる場合、もしくはプレゼンテーションをする場合はリハーサルを行なう。

また、会議中に呼び出しがかからないよう、日程を調整し、電話がかかってきた場合は、会議中である旨を伝えてもらえるよう手配しておく。

会議への出席

意見はどのように組み立てればよいのですか？

答え

現状の問題点に対して、データ、論拠を用意し解決策を導き出してみよう。

会議に持ち込む意見は、問題点の確認、問題点の原因究明、解決策の検討と提案といったプロセスで組み立てる。そのためにまずはそれぞれのプロセスにおける自分の考えを書き出す。それを結論、論拠（理由付け）、データ（裏付け）という形でまとめたものが意見になる。その際、意見は、論理的にまとめることが大切だ。

たとえばコスト削減が問題点で、海外への工場進出を提案する場合。その理由（論拠）として、人件費の安さをあげる。それを裏付けるために、人件費などを含めたコスト削減の数値をデータとして提示すれば、論理的な提案となる。

基本 論理的に話すための三大要素

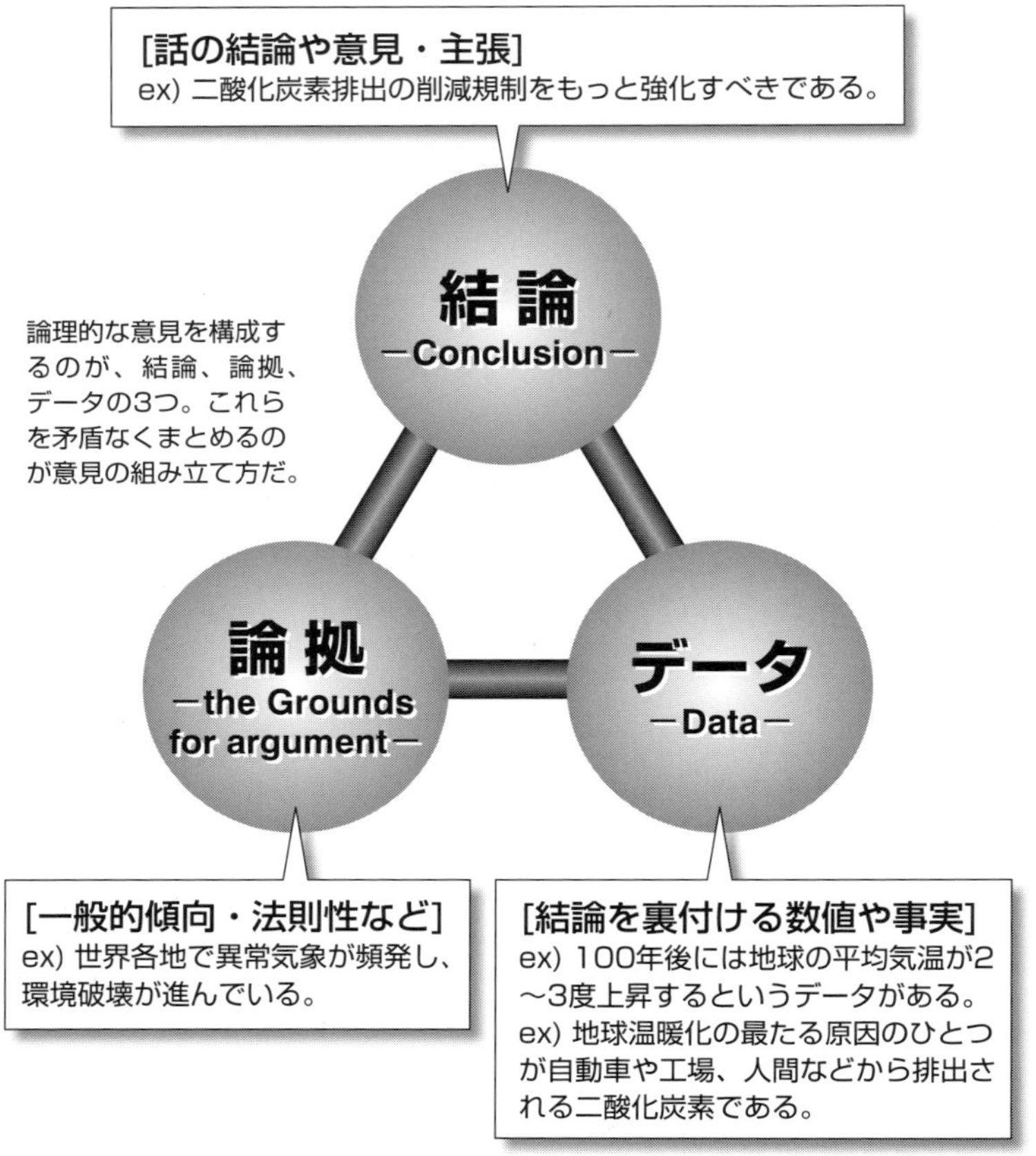
[話の結論や意見・主張]
ex) 二酸化炭素排出の削減規制をもっと強化すべきである。
結論
―Conclusion―
論理的な意見を構成するのが、結論、論拠、データの3つ。これらを矛盾なくまとめるのが意見の組み立て方だ。
論拠
―the Grounds for argument―
データ
―Data―
[一般的傾向・法則性など]
ex) 世界各地で異常気象が頻発し、環境破壊が進んでいる。
[結論を裏付ける数値や事実]
ex) 100年後には地球の平均気温が2～3度上昇するというデータがある。
ex) 地球温暖化の最たる原因のひとつが自動車や工場、人間などから排出される二酸化炭素である。

実践 説得力に乏しい結論だけの意見

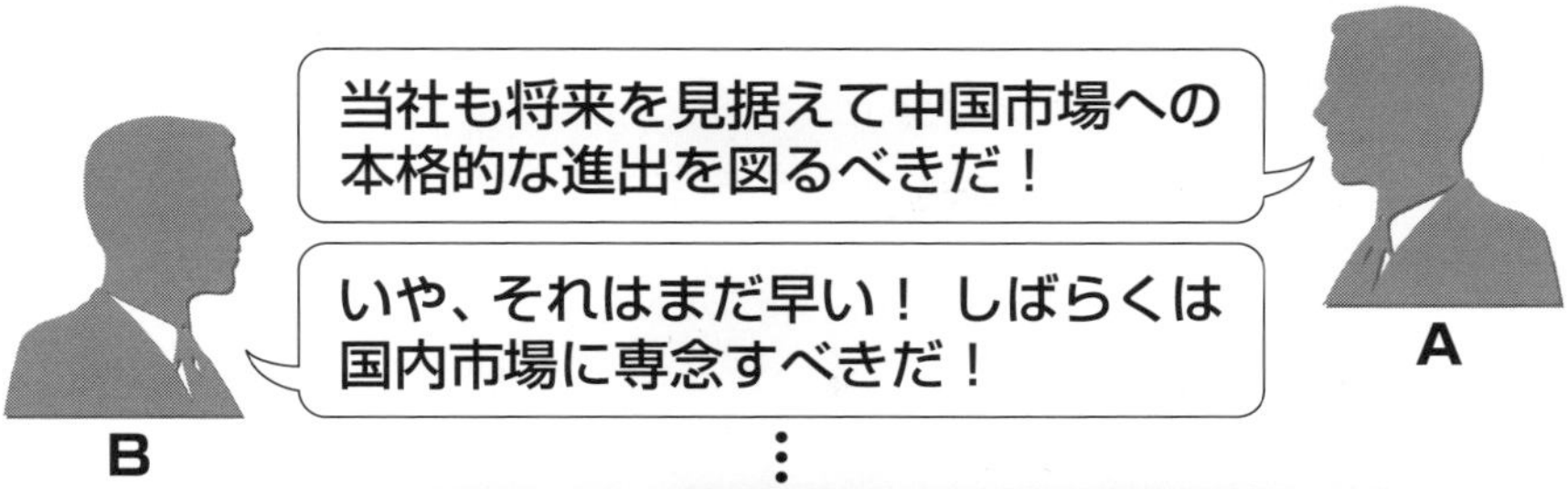
当社も将来を見据えて中国市場への本格的な進出を図るべきだ！
いや、それはまだ早い！　しばらくは国内市場に専念すべきだ！
A
B

論拠・データのない議論はただの言い合いに過ぎない

そこで

当社も中国市場への進出を図りましょう。(結論)ご存じのとおり、中国は目覚ましい発展を遂げており、日本のみならず海外の企業も続々と進出しています。(論拠)現在当社の中国における売り上げは、2億円規模に留まっておりますが、本格参入後10年で、約10億の売り上げを見込んでいます。(データ)

論拠・データを示して論理的な意見を組み立てる

長けりゃいいというわけではない!?
発言は3分以内にまとめる！

会議では発言時間を守ることが大切だ。時間もコストのうち。メンバーひとりひとりが発言時間を守れば、会議も効率的になり、長引くことを避けられる。

そのために発言時間を決めておくのが有効。会議の最初に司会者が「発言は1回につき1分以内にお願いします」「まず結論について述べ、説明は手短に」とルール化しておけばよい。

発言者も時間や発言方法を考えて、簡潔に話すように心がけたい。

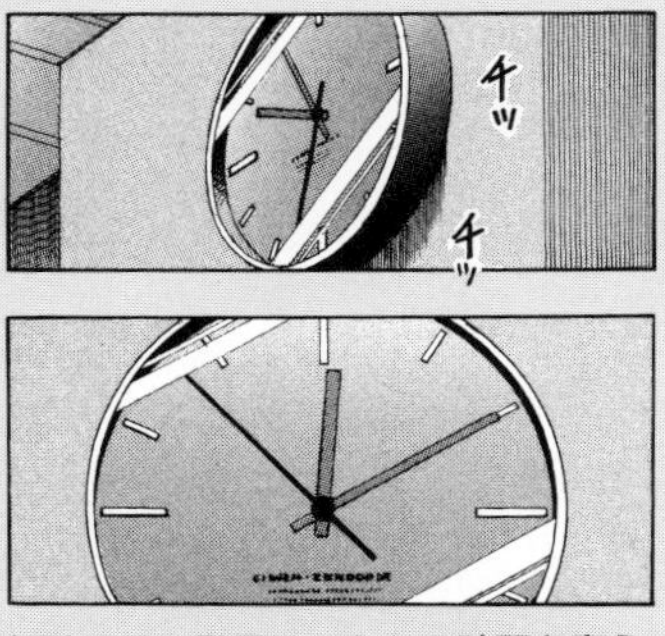
チッ
チッ

無駄に長い発言はみんなの時間を奪う。

STEP 1

4 他の参加者の意見を聞く時のポイントは何ですか？

答  え

発言の主題、論拠、事例、真意に着目して、メモを取りながら聞く。

基本 好感をもたれるあいづちの打ち方

現段階においては規格統一されておりません日本式、アメリカ式とみんな独自の路線で開発しています

- **◆「はい」「ええ」「なるほど」**
  →うなずきにひと言を加える基本的なあいづち
- **◆「それで？」「それから？」**
  →話しやすくさせるあいづち
- **◆「確かに深刻ですね」「よいことです」**
  →同調を表し、相手を乗せるあいづち
- **◆「あなただからこそできた結果ですね」**
  →相手の報告に対しポジティブなほめ言葉で気分をよくさせるあいづち

あいづちを使いこなすことで発言者を話しやすくする

「話し上手は聞き上手」と言われる。会議は他の人の意見を聞く時間の方が長くなるから、聞き上手になるべきである。

まず発言者の方を見てあいづちを打ちながら聞くこと。そして、発言者の主題、論拠、事例は適切か、真意はどこにあるのかを整理しながら聞くとよい。

話を頭の中で図式化していくのもコツである。全体像を知ることができ、理解度も高くなる。

さらにメモは理解を手助けする。キーワードや数字などを書きとめるだけでもよい。内容の理解を助けるだけでなく、自分が発言する際にも役立つことになる。

実践 他の参加者の意見を聞く姿勢

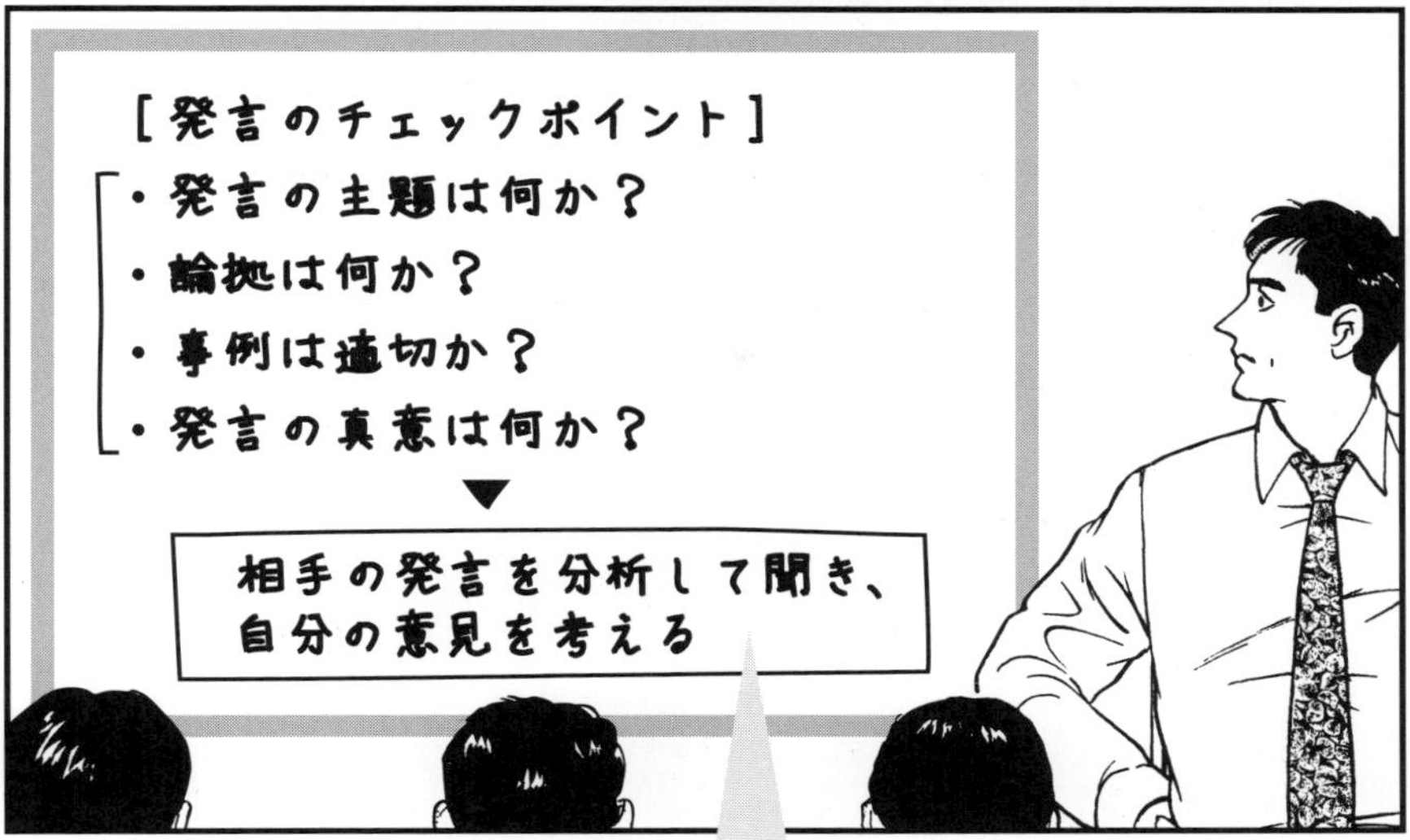

[発言のチェックポイント]
・発言の主題は何か？
・論拠は何か？
・事例は適切か？
・発言の真意は何か？
相手の発言を分析して聞き、
自分の意見を考える

意見分析を助けるメモ術

CASE：売り上げが低迷する原因を探る

●誰の意見なのかはっきりわかるようにしておく

→誰がどのような立場で意見を述べたのかを知ることで、発言者に対する感情的対立を防ぐ。

●要点のみをまとめる

→箇条書きにして簡潔にまとめておく。

●重要な数字を挙げる

→会議の進行ばかりか、のちのちの仕事で関わることになるため、数字は必ずメモしておく。

●疑問点を書き出しておく

→のちに発言者に質問をする際に用いる。発言を妨げる形での質問はルール違反となるので、メモを残しておき、発言が終わってから質問する。

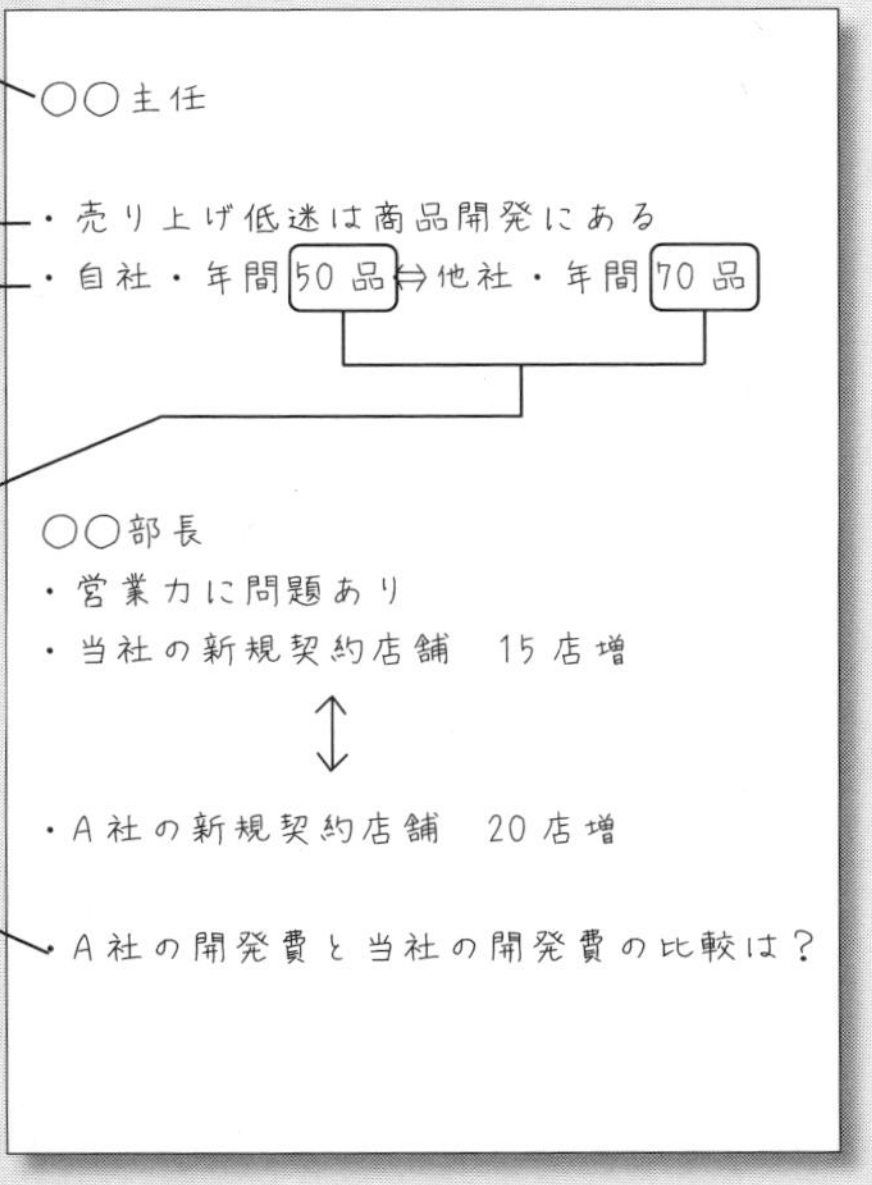

○○主任
・売り上げ低迷は商品開発にある
・自社・年間50品⇔他社・年間70品
○○部長
・営業力に問題あり
・当社の新規契約店舗　15店増
・A社の新規契約店舗　20店増
・A社の開発費と当社の開発費の比較は？

STEP 1

5 会議の種類に応じた聞き方を教えて下さい。

ということで遠山さん
電報堂から
デビューシングルを
マンデーハンバーガーの
CMソングに使いたいという
申し込みがありました

答え

会議の目的を理解した上で、目的に応じた情報を漏らさずにメモしよう。

会議に参加する時は、
自分の役割をしっかりと
認識しておこう。

一般に会議といっても種類はたくさんあり、それぞれ参加の心構えが異なる。

情報を理解するための伝達会議は主に四つ。進捗報告会議では、計画の進み具合を知り、売り上げ報告会議では市場の動向を把握、クレーム報告会議では、様々なクレームへの対処を決定する。情報交換会議では、重要情報のメモが欠かせない。次に戦略会議。この会議には問題解決会議、戦略立案会議、意思決定会議がある。ほかにも利害関係調整会議や企画会議などの定例会議や、緊急会議、儀礼的会議などがある。会議の目的に応じて、臨機応変に対応する。

実践　会議の種類別押さえるべき要点

報告会議

情報交換会議

個人が持つ情報のレベルを揃えるための会議であり、重要情報は聞き逃さないようメモしておく。

クレーム報告会議

顧客から上がったクレームはしっかりとメモしておく。最初のうちは上司がクレームにどう対応するのかを把握しておく。

戦略会議・調整会議

問題解決会議

問題とその原因を把握し、解決策を練る。様々な意見を聞いて自分の意見と比較し、より優れた解決案を導き出せるよう協力する。

利害関係調整会議

利害の対立する他の部署の意見をしっかりと聞いてメモを取ること。けっして感情的にならず冷静に相手の意見を受け止める。

その他の会議

企画会議

単に他の参加者による企画のプレゼンを聞くだけではなく、気になった点はどんどん質問していく。

緊急会議

起こったことに臨機応変に対応する。最初のうちは上司が様々な事態にどう対応するのかを把握しておき、後にこれを活かしていく。

発言する時の注意点は何ですか？

答え

発言の種類を意識して、断定的な口調にならないよう配慮すること。

発言には次の十種類がある。問題提起、情報提供、提案、感想、質問、応答、反対意見、賛成意見、意見整理、総意確認だ。

意見は事前に箇条書きにしておき、常に自分の意見がどれに当たるかを意識して発表する。

発表は、結論、理由、根拠の順序で行なう。つまり「……（結論）です。というのは……（理由）、たとえば……（根拠）」と続けるのがベスト。声は落ち着いた低めのトーンが好ましい。

また、発言にはタイミングがある。まず他人の発言を遮らないこと。議長の許可を得て発言し、長々と話さないように気をつけたい。

基本 発言の種類

①問題提起
議題における問題点、現在どのような問題が発生しているのかを提起する。

②情報提供
議題に関連した資料やデータなどを報告する。

③提案
議題に関する解決法や改善方法を提案する。

④感想
他の参加者の発言に対しての感想。

⑤質問
他の参加者の発言に対する疑問点の確認を行なう。

⑥応答
自分の発言に対しての質問に答える。

⑦反対意見
参加者の意見に同意できなかった場合に、別の意見を提案する。

⑧賛成意見
参加者の意見に同意し、自分も同意見であることを宣言する。

⑨意見整理
出されている意見をまとめ、対立点などを明確にする。

⑩総意確認
議論が出尽くして、結論に達したことを確認する。

実践 説得力を高める発言の方法

口を大きく開け、一番遠い人に話し掛けるように話す。ややゆっくりめに話して、適度なスピードを保つ。また、話の中で断定的な言葉遣いは避けるようにする。

伝えるべき主張はあらかじめ箇条書きにして、発言用のメモを用意しておく。

発言をする時は、他人の発言を遮らないよう配慮し、議長の許可を得てから発言しよう！

身振り手振りといったボディランゲージを交える。

説得力ある声を作るためのボイストレーニング

説得力ある声を出すにはトレーニングが必要だ。以下の手順で魅力的な声を出せるようにしよう！

ハァー
ン〜
ン〜
フン〜

①意識を鼻に向け、ひと指し指を鼻の上において「フン〜」という音を出す。

②喉に手を当てて「ン〜」とハミングをして共鳴させる。

③胸に手を当てて振動を感じながら「ン〜」とハミングをする。

④鼻から息を入れてお腹を膨らませ、十分に息を吸ったあと、下腹部を手で押さえながら「ハァ〜」と長く声を出す。①〜④を5回繰り返す。

出典：『魅せる技術』西松眞子（インデックス・コミュニケーションズ）

STEP 1

7 的確な質問をするにはどうしたらよいですか?

答え

事前に尋ねる内容をメモしておき、質問はひとつの事柄に絞ること。

会議中、他の参加者の意見に、疑問点が生じたら、質問タイムなどで質問しよう。

ただし、質問は一回の発言にひとつだけとする。その内容は会議の本質に沿ったものであり、具体的であることが大切だ。指名されたら、まず「質問させていただきます」と、自分の発言が質問であることを示す。そして結論から簡潔に述べる。

的確な質問をするためには日頃から「なぜ?」という気持ちを持つことが大事だ。簡単な報告でも「なぜこの結果か」と意識的に疑問を持ち、メモを取る。この訓練が優れた質問を生みだすのだ。

基本 2通りの質問

質問

- **情報収集を目的とした質問**
  未知の情報を収集し、大まかな流れを知る。
- **問題を把握するための質問**
  問題の所在を明確にすることで、原因の分析、解決法、優先順位を知る。

さて、この質問はどちらの種類の質問なのか?

実践 質問にいたるまでの経緯

1.尋ねるべきことを明確にする

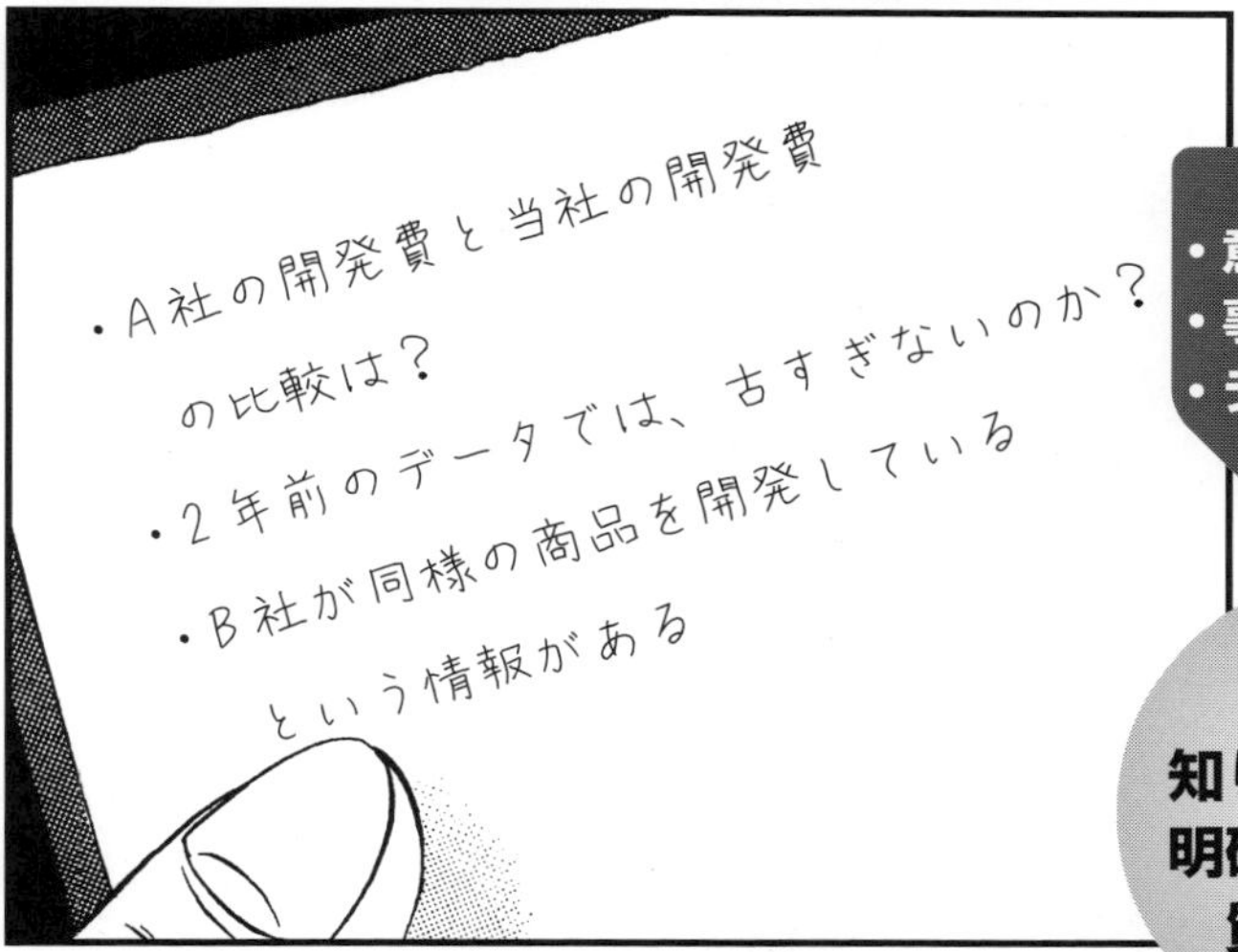
・A社の開発費と当社の開発費
の比較は？
・2年前のデータでは、古すぎないのか？
・B社が同様の商品を開発している
という情報がある

質問内容をメモに取っておくのもよいだろう。

・意見　・理由
・事実　・感情
・データ　・方法
etc.

何を知りたいのかを明確にしてから質問をする

2.尋ねたいことから先に述べる

×

現在の経営環境を鑑《かんが》みまして、我が社は目下改革を迫られる時期にありまして……私が思いますのは……であります。
ところで、今回のご提案につきましてのコストパフォーマンスがやや増加しているかと存じますが、この点についてはどのようにお考えでしょうか？

◎

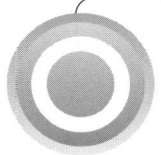

今回のご提案の商品はコストパフォーマンスが前回に比べ、やや増加しているかと存じますが、**コスト増と引き換えにどのようなメリットがあるのでしょうか？**

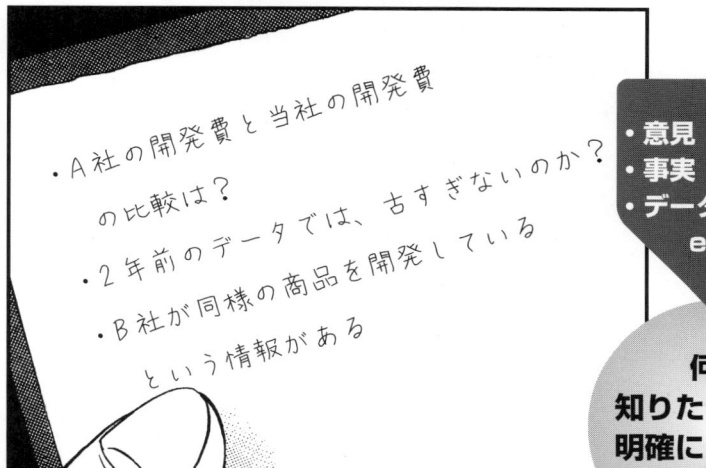

確執を生まない反論のしかたはありませんか？

答え

まずは相手の意見を肯定した上で、論理的な反論を展開しよう。

結局自社の経営を
最優先に考えて、従業員の
ことなど何も考えて
ないじゃないですか！
人員整理によって会社は
立ち直っても、失業した我々や
大型合併などではきだされた
多くの失業者を
一体どこが吸収するんですか!?
このままでは日本全体が
失業者不況に見舞われますよ！

単なる「否定」意見は対立を生む。相手の気持ちに配慮が必要である。

会議は議論の場。他の人の意見に同意できず、反論するケースもあるだろう。

ただし、反論のしかたが良くないと、感情的対立に発展してしまう。反論する時に大切にしたいのは、冷静さと相手への思いやり。相手の意見への気遣いが反論に対する悪感情を和らげるのである。

反論は最初がポイント。相手の意見の中に自分の考えとの一致点を見つけて「その意見はごもっともだと思います」と肯定から入る。

反論の本題は、相手の意見でなく、意見の裏付けであるデータと解釈の反論から入る。「確認のためにおうかがいしたいのですが

実践 反論の組み立て方

❶相手の意見を肯定する

「誠に理にかなった意見だと思います」

❷反論する点を明確にする

「しかし、先ほどご提案いただいたイメージキャラクターについて、別の考えがあるのですが……」

❸反論の内容を明確にする

「○○とおっしゃいましたが、今回の商品が対象とする年齢層の面から考えますと、◆◆の方がよいのではないでしょうか」

❹反論の根拠を示す

「◆◆は○○に比べて、この年齢層により知名度が高く、◆◆が出演している他社のCMも大変好評で、売り上げ増加につながっています」

➡ データの正否、データの解釈などを論理的に説明する。

❺結論

「よって、私は先ほどのご意見には賛同しかねます。◆◆の方を提案いたします」

➡ 結論から先に言うと、単なる対立になってしまう。

……」と根拠となるデータについて尋ねる。そして、データに関して「古い」とか「信頼性に欠ける」と論理的に説明や反論を行なうのだ。

ただし、主観的な意見で反論しても、ただの否定となってしまう。それを防ぐためには自分の主張を客観的に観察するために、自分で自分に反論してみよう。これで相手側からの反論もある程度予測でき、きちんと論理的に答えられるようになる。

また、自分の反論を述べるだけではなく、相手が納得しやすい方法を考えるのも一考だ。

もし、相手がこちらの意見を認めた場合は、相手の潔さをほめる度量も大切である。

9 反論にはどう答えたらよいですか？

えー、現在進めております
新しい企画は
「GSジェネレーションを
ゲットせよ」です
会議では自分の発言に対して、どんな反論が出るかわからないが、たとえ挑発じみた反論であっても、決して感情的になってはならない。

答え

相手の真意を読みながら聞き取り、結論から答える。

自分が質問や反論を受けた時は常に冷静に対応することが大切だ。まずは質問や反論に耳を傾ける態度が肝心。相手に対する先入観なしに、あいづちを打ちながら聞き、相手が言いたい真意をつかむ。

相手の質問が終わり、答える時はまずは「こういうことですね」と質問の内容を復唱して確認する。「人数不足では」と否定的な質問も「人数を増やしたいとの質問が」と肯定的に言い換えるのがコツ。答えは結論から入り、明確に話す。想定外の質問は、ひと呼吸おいて仕切り直すか「後日、調査します」と答えればよい。ただし、門外漢の質問には答えなくてよい。

実践 反論の受け方と答え方

本当にこのような計画通りに進むと思っているのですか？

[質問・反論者]

[発言者]

▼

質問・反論を受けている間は……

- 相手に好意的な態度を保ちながら、相手の質問内容を漏らさずにメモを取る。
- 非難しているのか、考えを聞いているのかなど、相手の真意を読み取る。

▼

この計画のままですと、今後大きな不安があるとお考えですね。それではお答えいたします。まず結論から申し上げますと、十分実現可能です。現在我が社の業績は回復傾向にあり……。

相手を黙らせる質問の返し方

反論をかわすには逆に質問をするという手もある。「なぜ、そう思ったのでしょうか」「それは具体的にはどうすればよろしいのでしょうか」とこちらから質問するのだ。そうすると、言葉に詰まり、反論を下げてしまう人もいる。

それに逆質問することで、時間稼ぎもできる。その間に反論の論理を検証し、こちらの論理を整え直す。

また、検証すると実は、結論は同じ、ということもある。その場合はその意見を受け入れて「こうした解釈もできるということですね。ありがとうございました」と終わればよい。

たったひと言で反論者を黙らせる。

会議で行なう人材育成法

会議の長期的な目的のひとつに人材育成がある。その目的とは、会議を通して広い視野を学び、考え方を成長させること、技術や能力の向上、問題解決能力の習得および人間性の成長という四つである。

これらは会議に参加していくうちに身につくものもあるが、上司などの指導があれば、より早く成長させることもできる。

そうした視点から、藤田晋氏率いるサイバーエージェントは、会議をユニークな方法で人材育成に活かしている。同社では、社内公募で新規事業を募集し、社内審査を受けて認められれば予算を与えられて事業化できる「じぎょつく」（「事業をつくる」の意味）を行なっている。応募にエントリーしてからわずか二週間で結果がわかる決定の速さも驚きだが、実は目的はあくまでも人材育成。温めていたビジネスを形にする企画書を出してから、プレゼンテーション、事業を手がけることを通して、マネジメントができる人材育成を目指している。

なかでも最終選考会となるプレゼンテーションは、全役員を前にパワーポイントを使って一五分前後行なう。プレゼンターは、事業の内容だけではなく、マーケット分析やビジネスの見通しなどの質問も受けるから、温めていたビジネスの実行計画だけでなく、広い視野が必要とされる。また、このプレゼンは内容もさることながら、どれだけ事業への意気込みを伝えられるかという真剣勝負。この企画やプレゼンを通して考え方や能力を向上させることにもなる。

それに応じるかのように、プレゼンが終わると役員はすぐ審査に入り、結果はその日のうちに出す。このスピード化も社内の停滞の空気を打ち破り、活性化させる要因となる。ただし事業はあくまでシビア。事業化しても半年で基準に達しなければ撤退を余儀なくされる。だが、トライして事業化に至らなくても、企画を出し、役員の前でプレゼンを行なうことに意味がある。プレゼンの経験を積むことでひとつ成長できるのである。期待される成果が現れるまでにかなりの時間を要するが、人材が育つことによって会議がよりよい結果を生み、会社全体の利益にもつながっていく。

STEP 2

説得の準備

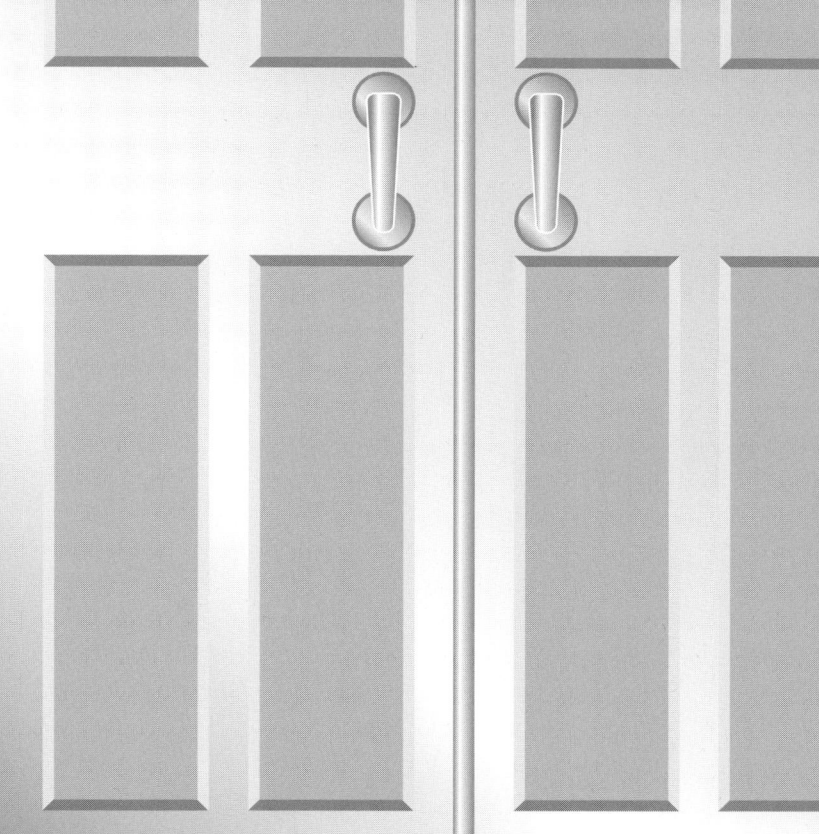

STEP 2
説得の準備

プレゼンテーションには、どのような準備が必要なのか?

この間の会議の説明、
わかりやすくてよかったぞ
言葉もはっきりしていて、
堂々としたものだった
今度、自社製品を
売り込むプレゼンを
してみないか?
げっ!
プレゼンテーション
なんて
俺にできるのか!?

必要不可欠な「説得する」技術

初めは部署内に限られていた会議の参加が、あなたが認められるとともにやがて部外との折衝を含めた範囲に広がっていく。そこへ突然舞い込んで来たプレゼンテーションの命令。これまでは意見を言うだけでよかったが、プレゼンテーションでは「相手を説得する」という要素が加わる。その時、何を準備すればいいのだろうか?

STEP2では、初めてのプレゼンテーションに向け、プレゼンの構成を考えるなど、「しこみ」を解説する。

STEP2のポイント ―プレゼンを命じられたら……―

1 プレゼンテーションの準備

Q1 プレゼンを任された時、まずすべきことは何ですか？ ―― ☞ P.40

Q2 構成はどのように組み立てるのですか？ ―― ☞ P.42

Q3 聴衆の心をつかむコツを教えて下さい。 ―― ☞ P.44

2 企画書の作り方

Q4 企画書はどのように作るのですか？ ―― ☞ P.46

Q5 見やすい企画書にするポイントとは何でしょうか？ ―― ☞ P.48

3 プレゼンテーションを成功に近づけるための努力

Q6 どのような格好で臨めばよいでしょうか？ ―― ☞ P.50

Q7 リハーサルではどこをチェックすればよいでしょうか？ ―― ☞ P.52

Q8 プレゼン前の根回しの順番を教えて下さい。 ―― ☞ P.54

STEP 2

1 プレゼンを任された時、まずすべきことは何ですか？

答え

プレゼンの目的をはっきりさせ、売り込むべきデータを収集しよう。

プレゼンテーションを任されたら、まずは「誰に、何を、何のために」説得するのか、目的をはっきりさせよう。

相手は社内の人間か、社外の人間か、それとも一般の顧客か。売り込むのはどんな商品か、企画か、もしくは社内に新制度を提案するのか、目的によってプレゼンテーションの方法は大きく変わる。

目的がはっきりしたら、プレゼンテーションの内容を組み立てるために、情報収集を行なう。といっても特別に考える必要はない。

商品のパンフレットや企画書、市場のデータなど、身の回りにある材料から集めるのが効率的だ。

基本 プレゼンの目的をはっきりさせる3つの「W」

Who（誰に？）

●社内か？
- 部内の人物か？
- 部外の人物か？

●社外か？
- 取引先か？
- 一般の顧客か？
- 新規の顧客か？

What（何を？）

- 新商品を？
- 労働環境改善の提案を？
- 契約の交渉を？
- 営業方針を？
- 企画を？

Why（何のために）

- 買ってもらうために？
- 詳しく知ってもらうために？
- 有利な契約を結ぶために？
- 自分の方針をわかってもらうために？
- 職場の士気高揚のために？

「誰に、何を、何のために」説得（プレゼン）するのかを明確にして、目的をはっきりさせる。

▼

プレゼンの方向性を決める。

実践 プレゼン素材の収集法

今回は、取引先の新商品の売り上げを上げるために、宣伝広告方法を提案するプレゼンだ

プレゼンの目的がはっきりしたら……？

▼

プレゼンの素材となる情報収集を行なう

●新商品のパンフレット、仕様表、取扱説明書

最も手に入りやすい資料をまず最初に集める。これらを整理することで伝えなくてはいけない基礎的な情報が手に入る。

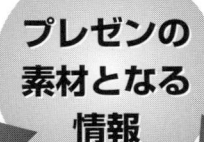

●市場の統計調査

様々な統計資料からプレゼンテーションを優位に進めるためのデータを見つけ出す。構成前の段階ではできるだけ多くのデータを集めておく。

プレゼンの素材となる情報

企画書

こうして集めた情報をもとにして、プレゼンテーションの内容を組み立てていく。

●完成している企画書

既存の企画書に含まれた情報やデータなどから、自分が使える資料を集めて流用する。

●インターネット

情報が氾濫しているため、取捨選択が必要。何時間も手を掛けることのないように、有効な資料が見つからない場合は、早めに切り上げる。

STEP 2

2 構成はどのように組み立てるのですか？

答え

集めた情報をもとに三部展開の構成を考え、本論は数パターン用意しておく。

プレゼンテーションは、大きく序論、本論、結論の三部からなる。プレゼンテーションの意図を説明し、データなどを示しながら説得の理由を説明し、結論へと導くのが一般的な流れである。

なかでも核となる本論は、何パターンか用意して柔軟に進めたい。本論のパターンのうち「問題提示型」は問題点と、解決を示す方法。結論を最初に示す「結論先行型」は結論にインパクトがあることが条件だ。「順次説明型」は順を追って説明し、結論に導くもの。聴衆の関心が高い場合に有効である。

併せてプレゼンでは相手の利益になることは必ず盛り込みたい。

基本 本論の組み立て基本3パターン

1 順次説明型……常に順を追って説明し、結論に至る。

…… → …… → …… → 結論

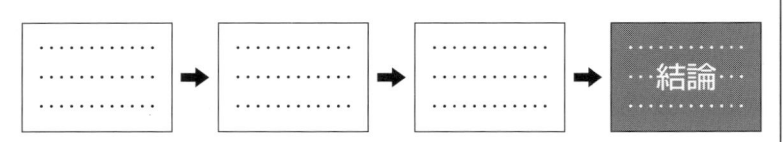

2 問題提示型……現状の問題点を提示し、それを解決していくプロセスをたどりながら結論に至る。

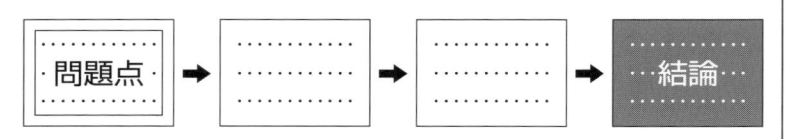

問題点 → …… → …… → 結論

3 結論先行型……最初にまず結論を提示し、その後で詳しい説明を展開していく。

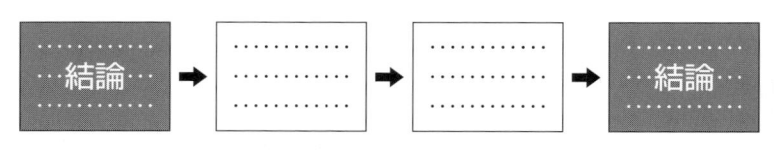

結論 → …… → …… → 結論

参考：『プレゼンの鬼』戸田覚（翔泳社）

実践 プレゼンテーションの一般的な流れ

❶序論

挨拶に始まり、前振りを行なう。
この時に説得のポイントとなる部分を伝えたり、結論を述べてしまう。（→P44）

▼

❷本論

序論で示した結論について、より詳しい説明をエピソード、データなどを示しながら、解説していく。本論は、聴衆の状況に応じて数パターン用意しておく。

▼

❸結論

序論で述べた結論を言い方を変えて伝え、聴衆の記憶に自分のプレゼンテーションを定着化させる。その際、相手の利益をしっかり強調しておくことを忘れてはいけない。

聴衆に関する情報収集

プレゼンを行なう場合は、事前に聴衆の情報を仕入れる。聴衆の人数、ニーズ、知識水準などを踏まえてから臨みたい。

たとえば、パソコンの新製品紹介のプレゼンの場合、相手が販売部の人間か、生産部の人間かによって、説明の仕方や用語が異なる。また、相手が知りたい内容によって話す内容も変わる。聴衆の関心度の高低によってプレゼンの構成を変えることもある。そのためにも聴衆の情報は事前に集めておこう。

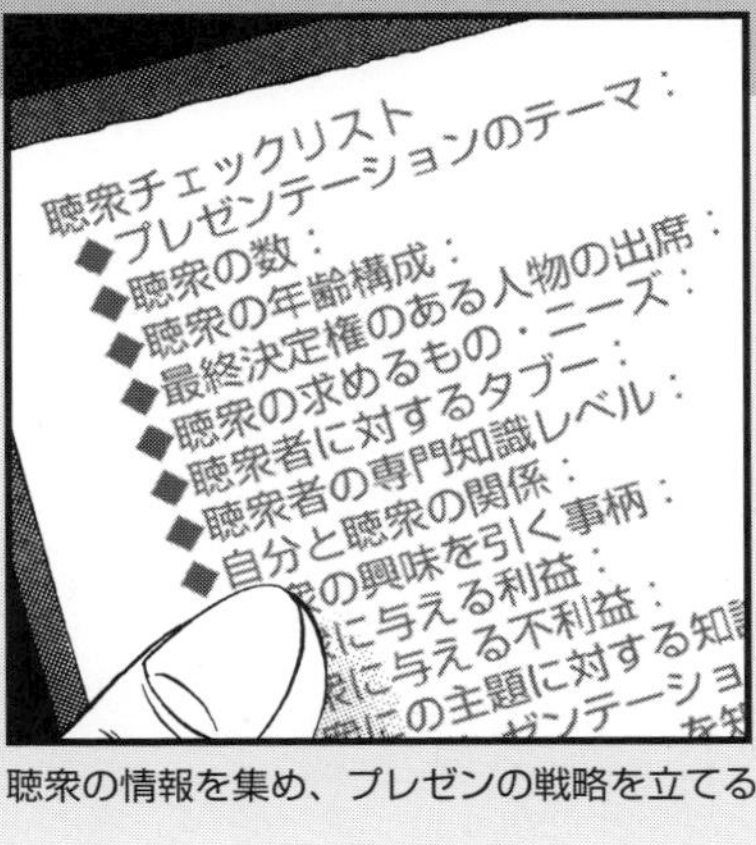

聴衆の情報を集め、プレゼンの戦略を立てる。

STEP 2

3

聴衆の心をつかむコツを教えて下さい。

答え

重要情報が聴衆の心をつかむ！　いきなり結論を伝えてひきつける。

基本　プレゼンは最初が大事

先日、中国の直営工場にて労働者が環境改善を求めてストライキを起こしました
今回は、我が社全体の労働環境改善について提案をいたします

聴衆をひきつけるつかみ

- ◆**最初に結論を述べる**
- ◆**最初に重要な情報を述べる**
- ◆**全体の流れを説明する**→聴衆の理解度が高まる

時間の限られたプレゼンテーションでは、早い段階で聴衆の興味をひきつけなくてはならない。そのために初めに結論か重要な情報を示し、プレゼンの概要を先に説明してしまおう。プレゼンの地図を示せば、聴衆も全体像がわかるので、理解度も高まる。「本日は三つの重要事項をお話しします」など数字を使うのもよい。

　また、プレゼンは終わり方も重要。聴衆に印象づけて終わるためには、結論の締めくくりを工夫したい。宿題を出すことで余韻を持たせて締めくくったり、序論で伝えた結論を言い換える形で終わるのもよい。

実践 序論・本論・結論の組み立て方

■30分以内の短いプレゼンの場合

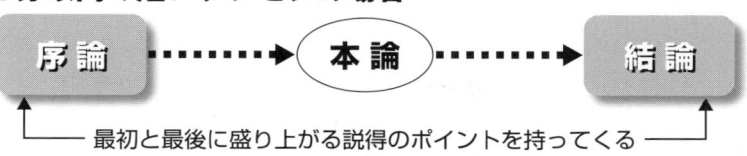

序論 ……→ 本論 ……→ 結論

最初と最後に盛り上がる説得のポイントを持ってくる

しかし、30分を超える長いプレゼンでは、本論の間に聴衆が退屈してしまう。

■30分を越える長いプレゼンの場合

このプレゼンのポイントは3つあります。 →プレゼンテーションの道筋を聴衆に示す。

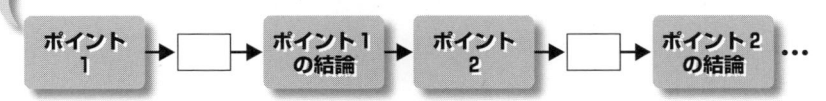

ポイント1 → □ → ポイント1の結論 → ポイント2 → □ → ポイント2の結論 …

最初に盛り上がりとなる説得のポイントの数を示し、プレゼン中に、説得のポイントを分散させておく。

聴衆を飽きさせないタイムマネジメント

人間が集中できるのが30分程度とされる点からプレゼンの時間は、30〜40分がベスト。時間配分は序論で10分、本論で20分、結論は3〜5分程度で締めくくる。ただし、経験の浅い人は、必要なことだけを伝えるに留め、15分が無難。経験をつけて慣れてきたとしても、30分以内で終えるようにしたい。

また、聴衆の緊張が中だるみとなりがちな本論では、少々話題がそれても興味深い話をする必要がある。

聴衆が飽きてしまっては説得は成功しない。

4

企画書はどのように作るのですか？

答え

問題提起から具体的な解決策、実行計画、実行後の効果までを、文書化する。

企画書とは問題点やテーマ設定を挙げ、解決策をまとめたもので、プレゼンテーションの説得を助ける重要なアイテムである。

まずは集めた情報から従来の問題点を見つける。そこから問題点の解決策を考え、企画書のなかで問題点の提示から解決策の提案、そして、案を実行することで得られる効果までを詳述する。

こうすることで、目的に加え、実行前と実行後の効果が明確となり、整合性のある提案が可能となる。

企画書の流れが決まったら、問題提起、テーマ設定など八つのブロックに分け、一テーマごとに一枚にまとめていく。

基本　企画書は提案書にあらず

企画書
問題解決の方向性と具体的な解決策が示される。

企画書は提案内容と目的、企画の実行前と**実行後の効果**が示されていなくてはならない。

↑

提案書
解決の方向性は示されるが、具体的な解決策は示されない。

↑

報告書
あくまで、ある現状の報告に留まる。

これでは企画が実現したときの結果が示されていない

提案内容と目的、企画の効果に加え、論理の飛躍がなく整合性のある企画書作りが必要である。

実践 企画書の8部構成

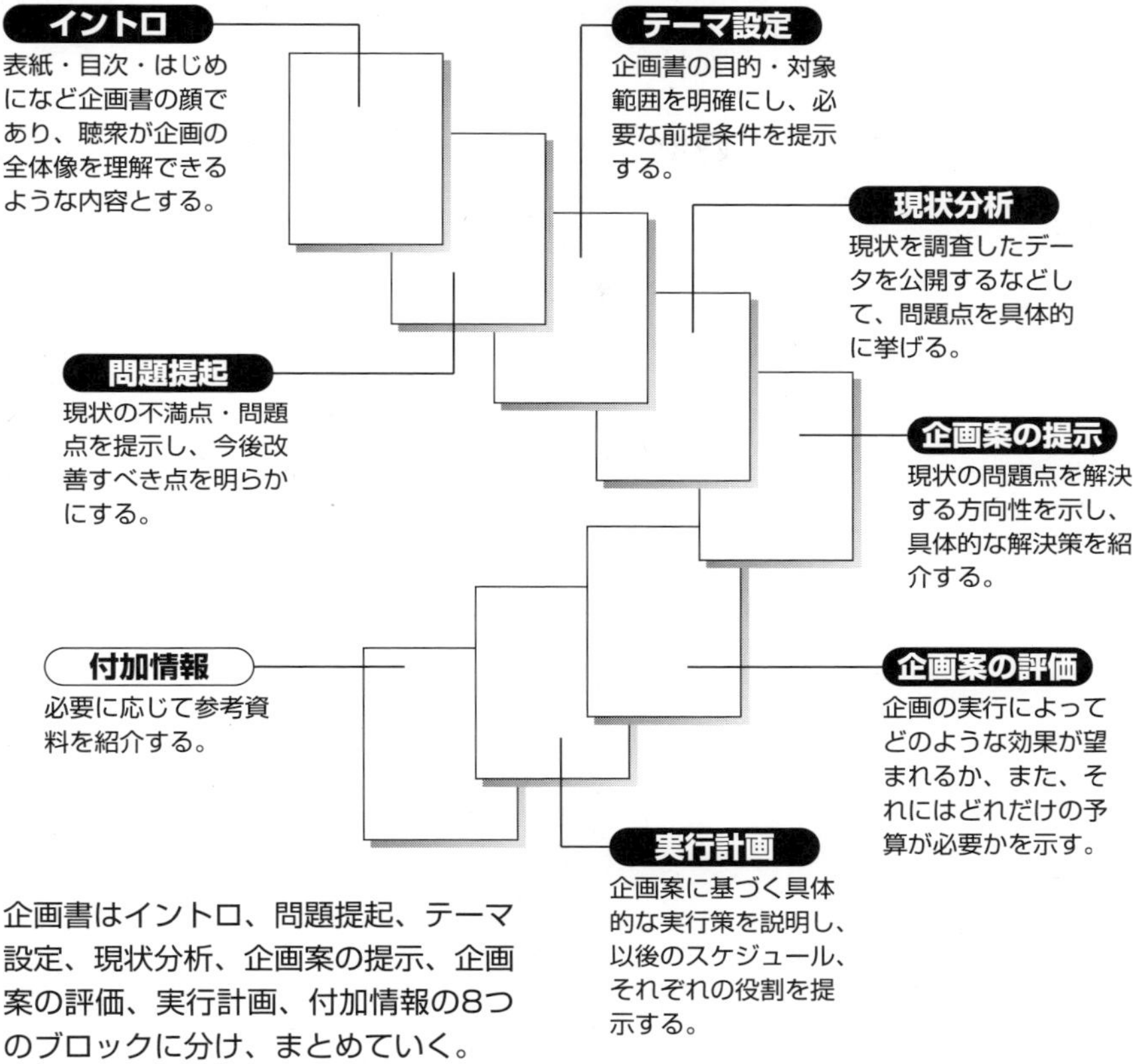

イントロ
表紙・目次・はじめになど企画書の顔であり、聴衆が企画の全体像を理解できるような内容とする。
問題提起
現状の不満点・問題点を提示し、今後改善すべき点を明らかにする。
テーマ設定
企画書の目的・対象範囲を明確にし、必要な前提条件を提示する。
現状分析
現状を調査したデータを公開するなどして、問題点を具体的に挙げる。
企画案の提示
現状の問題点を解決する方向性を示し、具体的な解決策を紹介する。
企画案の評価
企画の実行によってどのような効果が望まれるか、また、それにはどれだけの予算が必要かを示す。
実行計画
企画案に基づく具体的な実行策を説明し、以後のスケジュール、それぞれの役割を提示する。
付加情報
必要に応じて参考資料を紹介する。

企画書はイントロ、問題提起、テーマ設定、現状分析、企画案の提示、企画案の評価、実行計画、付加情報の8つのブロックに分け、まとめていく。

実践 目的別企画書の作り方

営業	営業、販売の意欲と技術の向上、消費者の購買意欲の向上、商品の説明が中心となる。商品特性を的確に説明し、盛り上がりのある企画内容とすることが重要となる。
商品開発	技術・材料にインパクトがあり、これまでの技術の応用で実現が可能となること、他商品との差別化、市場における商品価値、独創性が明確になる企画内容とすることが重要となる。
社内の問題	業務の改善を提案する際は、企画を実施するにあたっての障害を明確にすることが重要となる。

見やすい企画書にするポイントとは何でしょうか?

答え

文章は箇条書きにして、数字はグラフ化し、ひと目でわかるようにしよう。

基本 魅せる企画書とは?

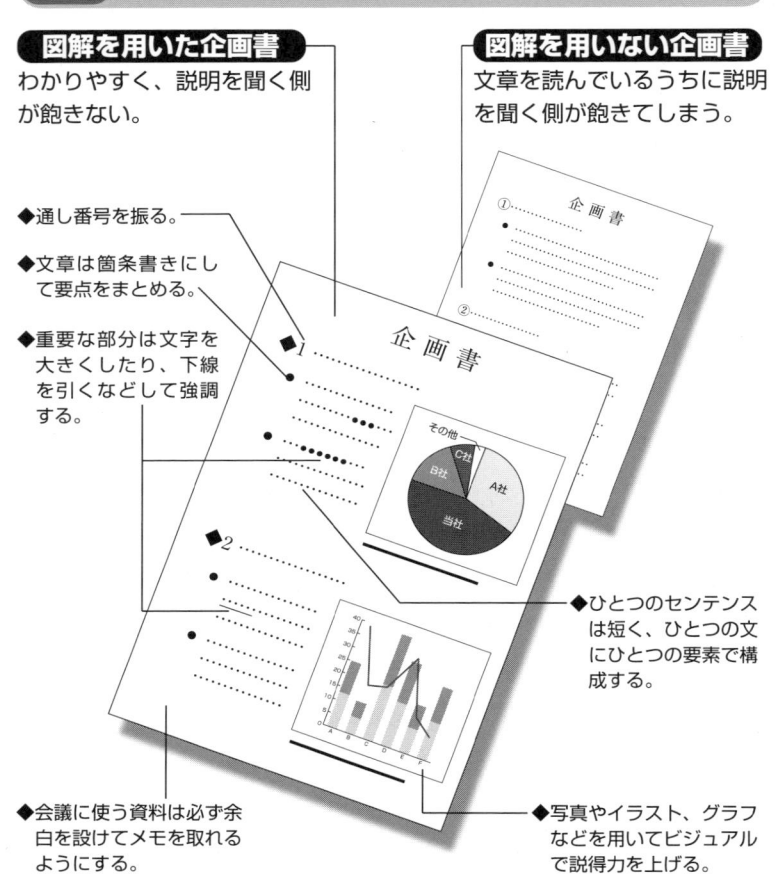

図解を用いた企画書
わかりやすく、説明を聞く側が飽きない。

図解を用いない企画書
文章を読んでいるうちに説明を聞く側が飽きてしまう。

◆通し番号を振る。

◆文章は箇条書きにして要点をまとめる。

◆重要な部分は文字を大きくしたり、下線を引くなどして強調する。

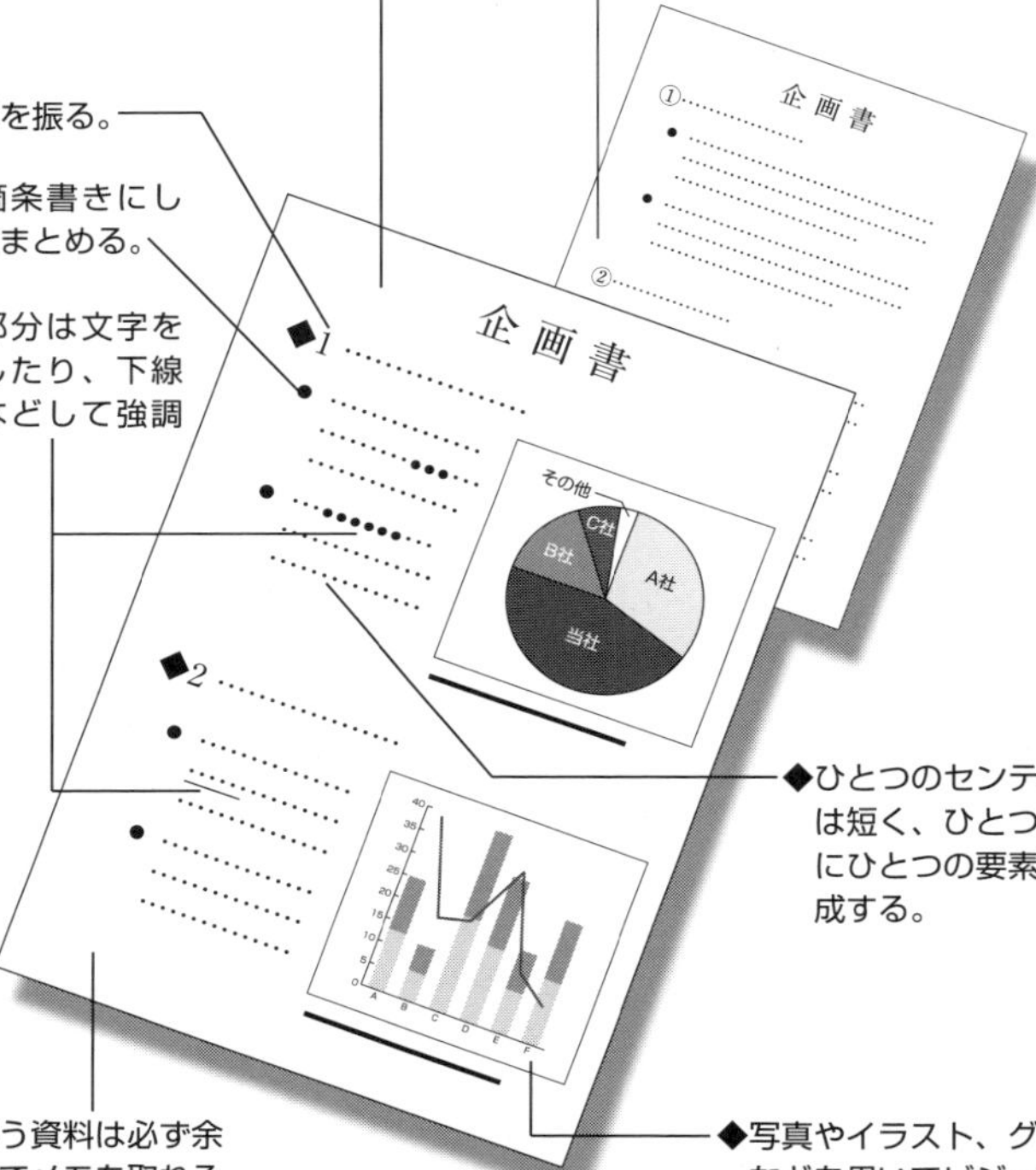

◆ひとつのセンテンスは短く、ひとつの文にひとつの要素で構成する。

◆会議に使う資料は必ず余白を設けてメモを取れるようにする。

◆写真やイラスト、グラフなどを用いてビジュアルで説得力を上げる。

わかりやすい企画書は、図や表を用いて視覚に訴えているのが特徴である。

ビジュアルは複雑な情報をイメージですぐに理解させ、説得力も増す。聴衆の意識集中や理解を早くする利点もある。

ひと口にビジュアルといっても、キーワードを記した関係図やグラフなど種類は多い。数字の場合も比率は円グラフ、量や順位は棒グラフがいい。時系列の変化は折れ線グラフ、項目の差異はクモの巣グラフと表現を変えれば違いが一目瞭然。数的には少ない賛成派を反対派と対比させる場合こそ、グラフをひと工夫したい。

実践 数字はすかさずグラフ化する

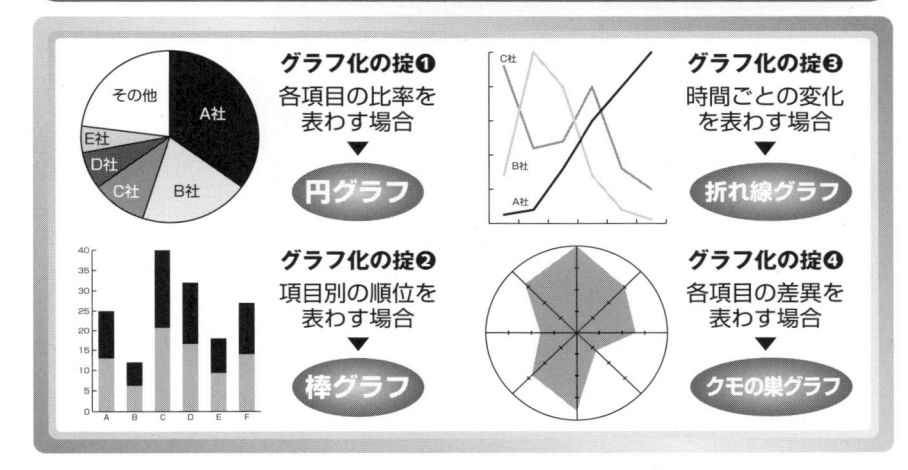

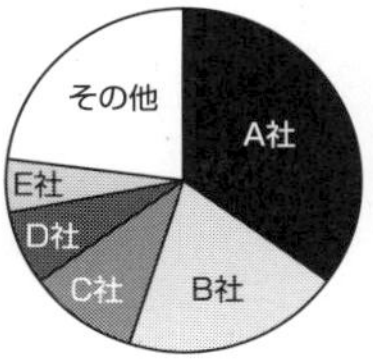
その他
A社
E社
D社
C社
B社

グラフ化の掟❶
各項目の比率を表わす場合
▼
円グラフ

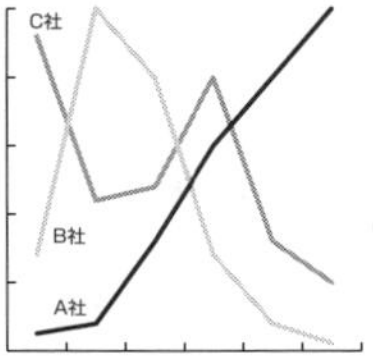
C社
B社
A社

グラフ化の掟❸
時間ごとの変化を表わす場合
▼
折れ線グラフ

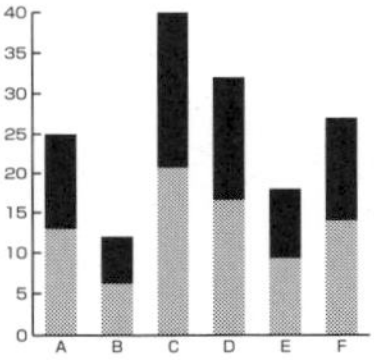
40
35
30
25
20
15
10
5
0
A
B
C
D
E
F

グラフ化の掟❷
項目別の順位を表わす場合
▼
棒グラフ

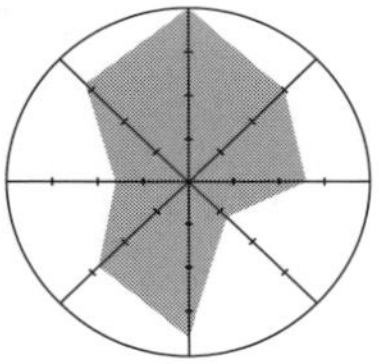

グラフ化の掟❹
各項目の差異を表わす場合
▼
クモの巣グラフ

実践 円グラフの㊙テクニック

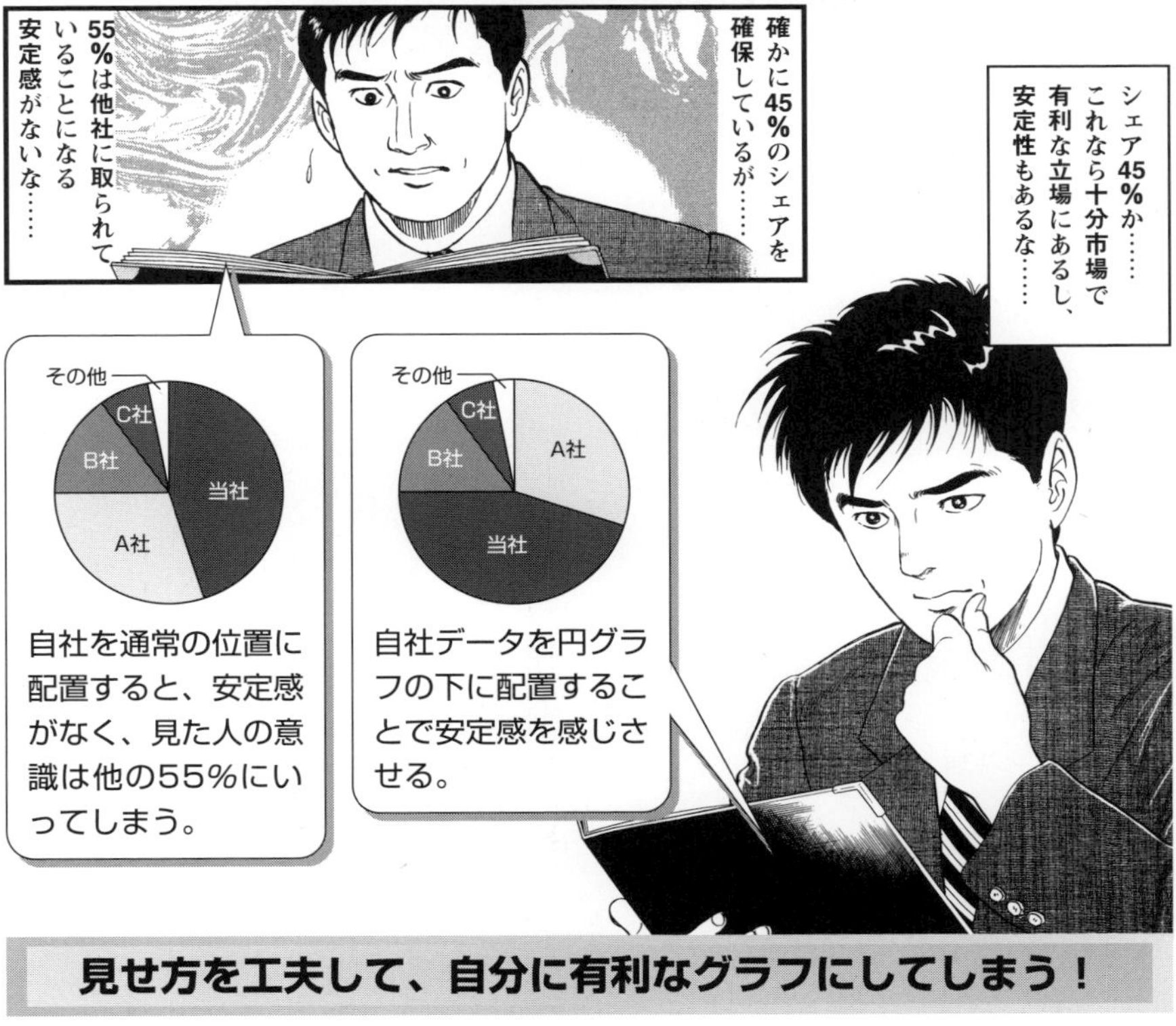
確かに45%のシェアを確保しているが……
55%は他社に取られていることになる
安定感がないな……
シェア45%か……
これなら十分市場で有利な立場にあるし、
安定性もあるな……
その他
C社
B社
当社
A社
自社を通常の位置に配置すると、安定感がなく、見た人の意識は他の55%にいってしまう。
その他
C社
B社
A社
当社
自社データを円グラフの下に配置することで安定感を感じさせる。

見せ方を工夫して、自分に有利なグラフにしてしまう！

6 どのような格好で臨めばよいでしょうか？

答え

ダークネイビーのスーツをまとって、赤と青のネクタイを締める。

プレゼンを行なうにあたり、好印象を与えるのは、何といっても清潔感。フケやヒゲはもちろん、ひかり物は禁物だ。見落としがちな足元にも気を配ろう。服装は、いつもより一ランク上、たとえば係長なら課長を模範としたような服装がベター。

お勧めのプレゼンファッションは、スーツはダークネイビーかチャコールグレーの無地。ネクタイは高価で上品なものをしてセンスをアピール。赤をベースに青の斜めストライプは自信の源になる。シャツは白か淡いブルー。ソックスと靴は黒。ただしかかとが擦り減っている靴は避ける。

基本 色が与える心理的効果

暖色系	赤	自分自身の気持ちを奮い立たせるとともに、聴衆に対しては、注意をひきつけ、熱意を表わす色となる。
	オレンジ	聴衆を明るく楽しい気分にさせる。黒を少し加えると落ち着いた豊かさを生む。
	黄	淡い色なら穏やかなイメージ、濃い黄色ならば明るいイメージを与える。ただ、女性はあまり好まない傾向にあるので注意が必要。
寒色系	紫	濃いと不潔感、安っぽさを出してしまうが、薄い配色ならば高尚さ、気品をもたらす。
	緑	心を落ち着かせ、疲れをとる色だが、インパクトに乏しく、聴衆に強い印象を与えづらい。
	青	時間を短く感じさせる効果がある。
中間色	白	清潔感よりも、汚したくないという心理から、緊張感がみなぎってしまう色。
	黒	感情を包み隠し威厳を見せつける色。見かけより重さや硬さが出る。

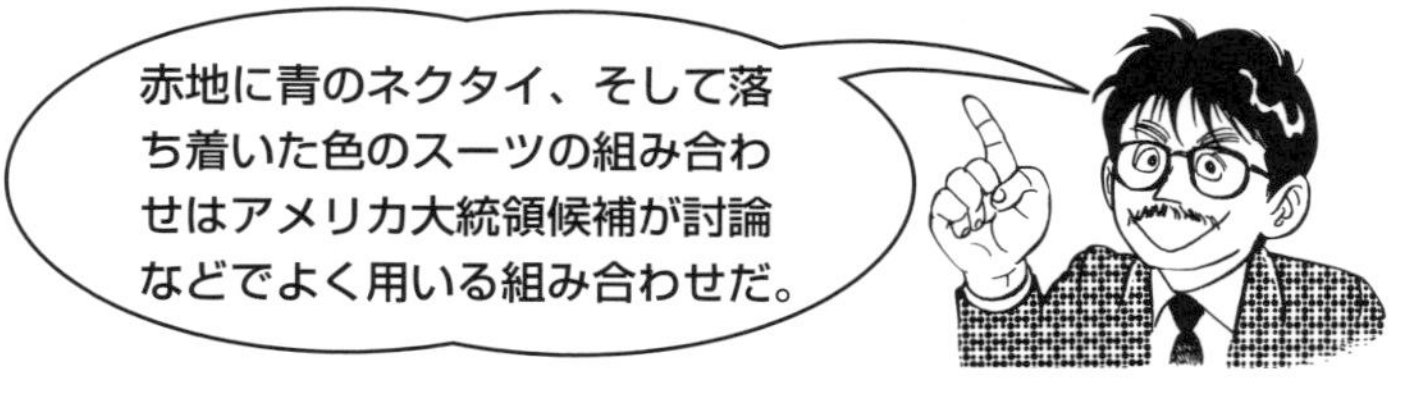
赤地に青のネクタイ、そして落ち着いた色のスーツの組み合わせはアメリカ大統領候補が討論などでよく用いる組み合わせだ。

実践 プレゼンお勧めファッション

頭髪

きちんと整えておき、相手に不快感を与えないようにする。

シャツ

白か薄いブルーが基本。白はネクタイの赤と青を引き立てる。

ヒゲ

しっかり剃り残しのないように剃っておく。とくに女性相手のプレゼンでは重要なポイントとなる。

ネクタイ

赤をベースに青の斜めのストライプが入ったもの。熱意を表す赤に、知性・信頼を表す青が加わり、聴衆の信頼度が増す。

スーツ

ダークネイビーかチャコールグレーで落ち着いた印象を与える。

ソックス

黒の無地で厳粛な雰囲気を壊さないようにする。

ベルト

落ち着いた色使いで、できるだけ新しいものを身に着ける。

靴

しっかり磨いてあるもので、かかとの擦り減っていないものを履く。

様々なケースに応じたスーツとシャツの組み合わせ

面接

スーツは無難なネイビーで、カジュアルな印象を与えるシャツは避ける。ネクタイは親しみを持ってもらうために暖色系を入れると良い。

商談

知性や信頼感を与えるために青系のネクタイを締め、薄いグレーのスーツでこれを引き立てる。

女性への営業

グレーのスーツ、白のシャツに加え、幸福感、安心感を与えるピンクを取り入れる。

謝罪

誠実な印象を与えるために、ネイビーのスーツ、青系のネクタイで信頼感を与える。

リハーサルではどこをチェックすればよいでしょうか？

答え

同僚や上司に協力してもらい、内容とボディランゲージをよく見てもらおう。

基本 妻の前でリハーサル

専門知識のない人がわかるプレゼンテーションこそ、最高のプレゼンテーションである！

▼

そこで、専門知識のない身近な存在「妻」の前でリハーサルをやってみる

……というわけなんだ
ん～、だいたいのことはわかるんだけど、その商品と既製品との違いがわかりづらいわ
えっ？
いや、それは、今までのものとはとにかく音質が比較にならないくらい優れていて……
うーん、今のプレゼンテーションは50点ってところね

専門知識のない奥さんが理解できれば、最高のプレゼンテーションであるといえよう！

プレゼンはぶっつけ本番でなく、リハーサルを行なうのが鉄則。リハーサルで確認するのは「内容の構成」「時間設定」「予定時間」「話し方」「マナー」「ボディランゲージ」「ビジュアルの使い方」の七項目。なかでも、時間や説得のポイントは要チェックだ。ビデオを撮って見る、同僚などに見てもらうなど客観的に判断したい。

リハーサルは、原稿完成時、視覚資料完成時、本番前と最低三回は行なう。一回目は原稿の声出しを行ない、論理の内容をチェック。二回目は視覚物も使って録音もする。三回目は本番の予行演習で最終チェックを行なう。

実践 リハーサルのステップ

プレゼンのリハーサルを
みんなに見てもらった
あえて各社より先に
この商品を出すという
冒険を冒すなら、
徹底的に知名度を高め
なくてはなりません
そのために今回は
ネーミング公募という
業界でも初めての
試みを提案いたします

STEP1
座ったまま原稿の流れを目で追いながら、主張するべき点を声を出して読み、この時点で論理の飛躍や矛盾点などを解決しておく。

▼

STEP2
プレゼンテーションの原稿と図版を使い、スライドやOHPなどを使用してひとりで練習する。この時、テープレコーダーで録音しておき、チェックの際にテープを聞きながら図版を修正していく。

▼

STEP3
本番と同じような形でリハーサルを行なう。上司や同僚、部下に見てもらい、修正点を指摘してもらう。

▼

STEP4
タイムキーパーを誰かに頼み、正確に時間を測定しつつリハーサルを行なう。

リハーサルのチェックポイント

①プレゼンテーションの構成	○
②時間配分	×
③予定時間	○
④話し方・声の出し方	―
⑤態度・服装	―
⑥ボディランゲージ	○
⑦器材・ビジュアルの使い方	△

リハーサルを
行なって課題を発見したら、
部分練習に入り弱点をつぶしておく。

STEP 2

8 プレゼン前の根回しの順番を教えて下さい。

答え

まずは賛成者を固め、中立者を味方にしてから、反対者の感情的対立を抑えよう。

プレゼンテーションの資料作成と並行して「根回し」を行なっておくことも大切な準備である。

これは水面下でキーマンの了解を取り付けることと、会議前に参加者間で情報を共有する重要なプロセスだ。

根回しは、まず、賛成者と反対者を見分ける。そして賛成者、中立者の協力を取り付ける。最後に反対者の説得にかかるのが王道。

他企業へのプレゼンでは、その会社の意思決定の手順とキーマンを押さえること。誰に根回しするかで説得成功の可否が変わる。

以上から、日頃の人間関係と情報集めが大切なことがわかる。

基本 根回しの効果と順序

水面下で重要人物の了解を取り付ける

会議前に参加者間の情報量の差を埋める

❶ 賛成者に対し根回しを行ない、納得度を高めて強力な支持者にする。

▼

❷ 中立者への根回しを行ない、理解を求めて賛成に回ってもらう。

▼

❸ 反対者への根回しを行ない、あらかじめ自分の提案の概要を告げておき、会議・プレゼンの場で感情的になるのを防ぐ。

▼

❹ 上司に対しても根回しを行ない、支持を取り付けるのみならず、意見をもらって自分の主張をよりよいものにする。

いいか
あと5日が勝負だ
この企画を通すためにはG社販売部の意思決定者の過半数の支持が必要となる
現在、課長5名のうち3名の支持は取り付けたが、ほかの意思決定者は不明だ
G社を内偵して意思決定に影響を持つ者を探し出し、根回しを行なって欲しい
みんながんばってくれ!!

巧みな根回しは会社の浮沈も左右する。

NOと言わせない根回しのコツ

プレゼンに先立つ反対者への根回しは、その場で相手に判断可否を求めないのがポイント。相手との話し合いから得た情報をもとに提案を改善するのだ。難しい相手には反対する案を持ち出して、相手の本音を引き出すのも効果的だ。相手の真意を盛り込んだ修正案を提示すれば、相手も折れざるを得ない。さらに人間関係を利用して、第三者に根回ししてもらう手も有効。反対者に影響力のある人物を担ぎ出せればしめたものである。

いったい誰が反対者なのだろうか……

キーマンを炙り出すのはひと苦労だ。

付箋・模造紙の有効活用

会議といえば、だれかが発言して、それに参加者全員が耳を傾けるというのが一般的。いくら自由な雰囲気でといっても、せいぜい発言内容が制限されないという程度のものだろう。

だが、インクジェット・プリンター業界大手の「キヤノン」では、発言者も聞く人もなく、みんなが自由に話し合って、具体的に見える会議を行なっている。開発現場での改革に取り組んでいる同社では、模造紙と付箋を使い、進行状況が一目瞭然となるよう工夫がなされている。

新製品を開発する設計部では毎週一回、日程計画のために、設計部のメンバーが全員会議室に集まり、担当別に分かれてテーブルを囲む。最初に各グループのリーダーが目標を宣言した後、各グループでの話し合いが始まる。

テーブルには付箋と模造紙があり、会議というよりは、賑やかな作業のように見える。ああだこうだと議論しながら課題をひとつずつ付箋に書き込み、時系列に模造紙に貼り付けていく。付箋が貼り付けられた模造紙が議事録であり、日程計画である。やがて付箋の貼られた状態で、仕事の集中する箇所や、遅れている箇所などが一目瞭然となる。今度は、議論しながら付箋の位置を動かして調整していく。当事者意識が芽生え、自分たちでお互いの仕事量を気遣ったり、仕事を振り分けあったりもする。盛り上がって自然と立ち上がり、他のグループとの調整を図るため立ち歩くのも自由だ。

三時間後、各グループが成果を発表して終了。聞くだけに終わった人などひとりもいない。全員が当事者であり、発言者でもある。現場サイドの当事者たちが全体を把握しながら計画を立てることは最大の効率化の要因になる。また、お互いの仕事や個人の力量までもが見えて、社員の能力を引き出していくことにもつながるのである。

STEP 3

説得の方法

STEP 3

説得の方法

プレゼンテーションにおいて聴衆を説得するにはどのようなテクニックが有効なのか？

入ります
いよいよ、はじめてのプレゼンテーションだ

説得の実践テクニック

いよいよやって来た初めてのプレゼンテーション当日。

STEP2で行なってきた準備の成果を十分に発揮し、相手をいかにうまく説得できるかが重要である。臨機応変な話術、巧みなOA機器の使用を通じて、クロージングへと持ち込むのだ。

STEP3では、相手の心理を巧みに操る話術や、OHP、パワーポイントなどのプレゼンテーションを助ける様々なツールの使い方まで、より実践的なテクニックを伝授する。

STEP3のポイント ―プレゼンテーションの技術―

1 魅せるプレゼンテーションの演出法

Q1 手をどう動かせば効果的でしょうか？ ――― ☞ P.60
Q2 OHPはどのように使えば効果的ですか？ ――― ☞ P.62
Q3 パワーポイントを使った図版の作り方を教えて下さい。 ――― ☞ P.64

2 聴衆の心理を巧みに動かす話術

Q4 聴衆を説得するコツを教えて下さい。 ――― ☞ P.66
Q5 専門用語はどしどし使うべきですか？ ――― ☞ P.68
Q6 聴衆の理解度を確かめる方法はありますか？ ――― ☞ P.70
Q7 予想外の質問にはどう答えるべきでしょうか？ ――― ☞ P.72
Q8 利害が対立する聴衆の説得方法を教えて下さい。 ――― ☞ P.74
Q9 インパクトの強いデータはどこで見せるべきですか？ ――― ☞ P.76
Q10 論拠はどのように強調すればよいでしょうか？ ――― ☞ P.78
Q11 どのような態度が嫌われますか？ ――― ☞ P.80
Q12 聴衆の心理はどのように読めばよいのですか？ ――― ☞ P.82

3 説得を成功させるプレゼンテーションのまとめ方

Q13 質疑応答を成功させるポイントを教えて下さい。 ――― ☞ P.84
Q14 失言にはどう対処すべきですか？ ――― ☞ P.86
Q15 プレゼンから契約を取り付けるコツは何ですか？ ――― ☞ P.88
Q16 プレゼンテーションの評価はどこを見るべきですか？ ――― ☞ P.90

STEP 3

1

ボディランゲージ

手をどう動かせば効果的でしょうか？

答え

ゼスチャーやボディランゲージを用いて言葉を補い、説得力を上げよう。

基本 立ち位置とアイコンタクト

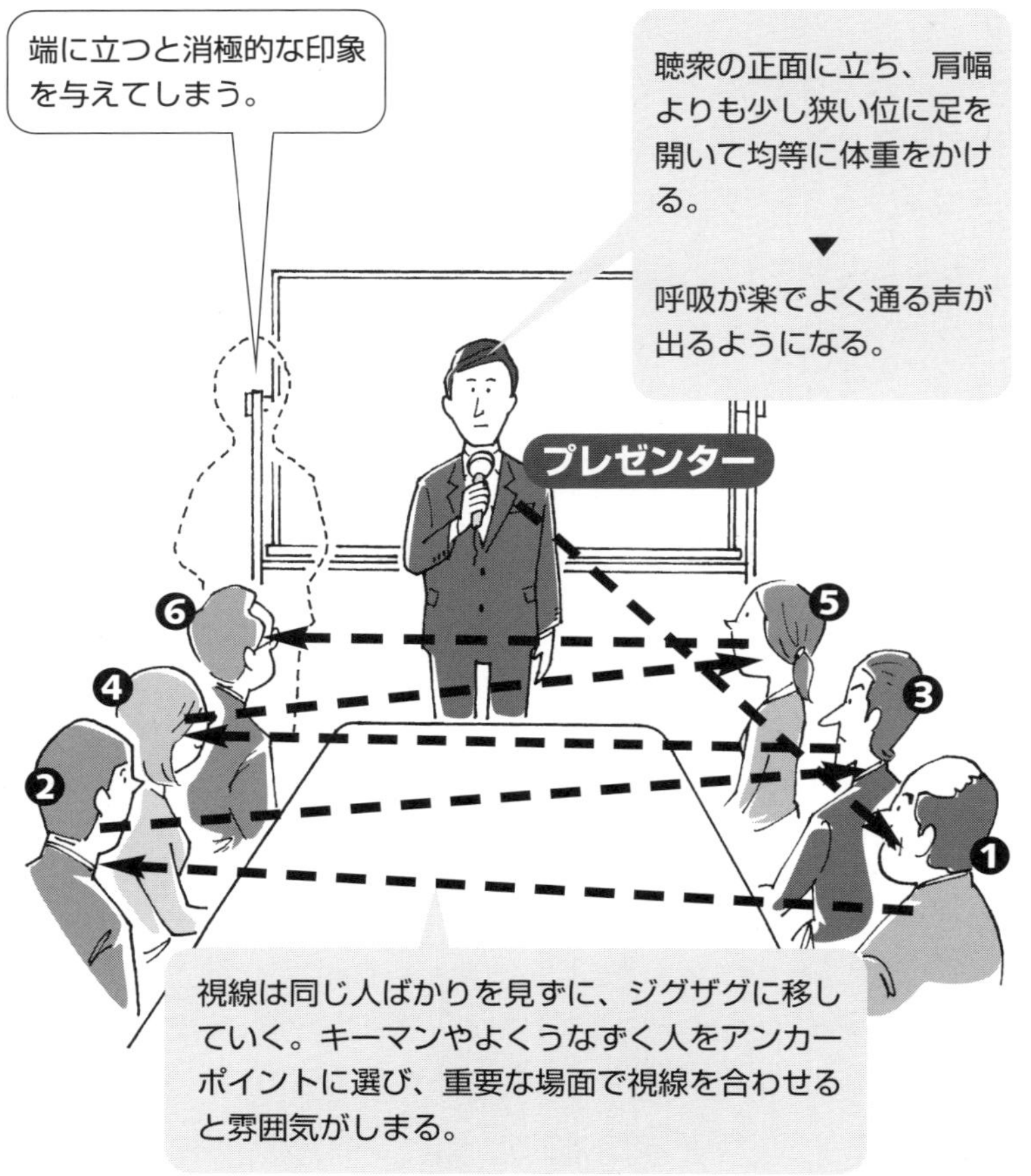

端に立つと消極的な印象を与えてしまう。
聴衆の正面に立ち、肩幅よりも少し狭い位に足を開いて均等に体重をかける。
▼
呼吸が楽でよく通る声が出るようになる。
プレゼンター
6
5
4
3
2
1
視線は同じ人ばかりを見ずに、ジグザグに移していく。キーマンやよくうなずく人をアンカーポイントに選び、重要な場面で視線を合わせると雰囲気がしまる。

プレゼンテーションでは、身ぶり手ぶりが説得を助ける。

プレゼンターは、余裕ある態度で聴衆の正面中央に立ち、進行に応じて位置を変える。直立不動や、逆に動き回るのはよくない。また、動かない時に片足に体重をかけると印象が悪くなる。両足に体重をかけ、時々前後に動く程度がよい。

強調部分ではゼスチャーやボディランゲージを使う。手の上下の動きで数の大小などを表現し、説明を補えばわかりやすい。ただボディランゲージが小さすぎたり、速すぎたり、また単調すぎたりすると聴衆が飽きてしまう。恥ずかしがらずに大きな動きを心がける。

実践 プレゼンテーションにおける動きのタブー

手をポケットに入れたり、前や後ろで組んではいけない。

会話に合わせてゼスチャーを使い、ボディランゲージで言葉を補う。

ダイナミックな動きを心掛け、指先はしっかり伸ばす。出した手は2、3秒止める。

腕組みをするなど、せわしなくムダな手の動きをしない。

片足に体重をかけて立たない。

せわしなく動き回らず、時々前後左右に動く。

相手の警戒心を解く㊙ゼスチャー

プレゼンテーションの始まりでは、ほとんどの場合、聴衆は警戒心を抱いている。この警戒心を解くために「ミラーリング」を活用しよう。「ミラーリング」とは相手の姿勢や動作をまねる手法。自分の動作をまねされると、相手に好意を抱くという。これにより相手の警戒心を解くことができる。また、逆の「相補的ミラーリング」という手法もある。これは相手が強硬に出たら、こちらは温和に対応するなど相手と逆の動作をとる技術だ。

同じ動きは親近感を生む。

STEP 3

2 ＯＨＰはどのように使えば効果的ですか？

答え

マスキングやオーバーレイといったテクニックを用いて、聴衆の理解を高めよう。

フリップ、ＯＨＰ、スライド、ＶＴＲなどを用いることで、プレゼンテーションは聴衆の視覚と聴覚に同時に訴えるものとなる。なかでもＯＨＰは、聴衆の方を向いて話ができる利点に加え、色が使えて費用がかからない人気のツールだ。

　スクリーンにフィルムを映し出し、不要な情報を隠して必要な情報だけ見せるマスキングや、フィルムを重ねながら情報を加えていくオーバーレイの方法も活用したい。

　ただ音が出ないのが難点。もし、商品の使い方などを、動きと音を合わせて視覚に訴えたいのなら、ＶＴＲが最適である。

基本　ビジュアルツールの長所と短所

フリップ

長所：企画書の補助的役割を果たす。
短所：単純な図版では見栄えが悪い。
備考：聴衆に強調点を示す時に利用する。

スライド

長所：画像が鮮明で見やすい。
短所：部屋を暗くしなければならないため、聴衆の反応がわかりにくく、聴衆もメモを取りにくい。
備考：聴衆を飽きさせない工夫が必要である。

ボード

長所：視覚的にわかりやすい。
短所：書きながら説明すると聴衆が退屈する。
備考：しっかり書き終えてから聴衆の方を向いて説明をする。

VTR

長所：細かな表現など視覚的な理解が必要な分野で最適。
短所：画像が小さく、映像が鮮明でない。情報が一瞬で流れてしまう。
備考：流しつづけず、途中で止めて解説を入れる。

実践 OHPのテクニック

● 配置と準備 ●

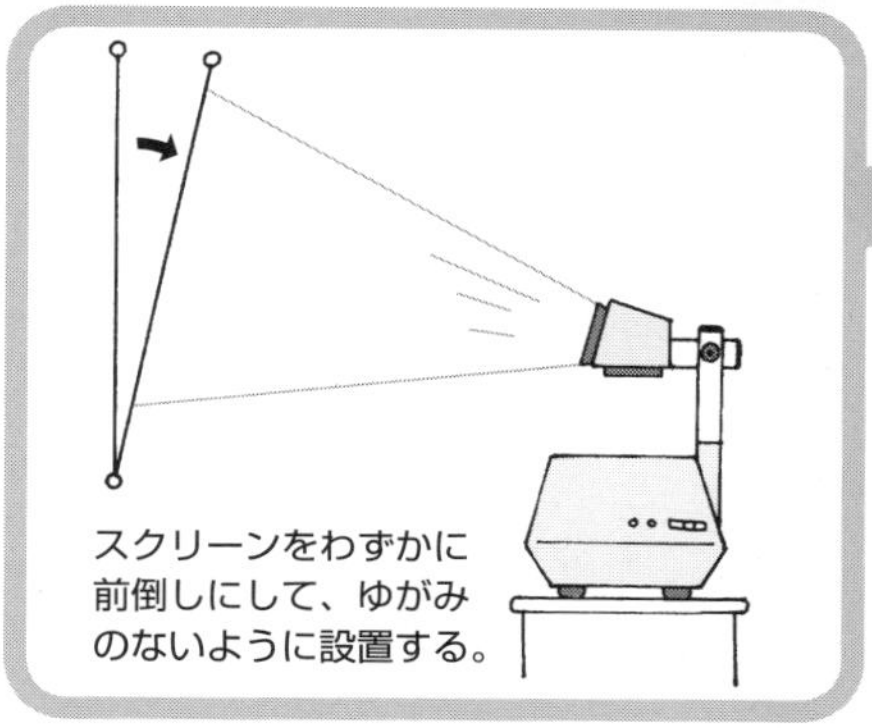
スクリーンをわずかに
前倒しにして、ゆがみ
のないように設置する。

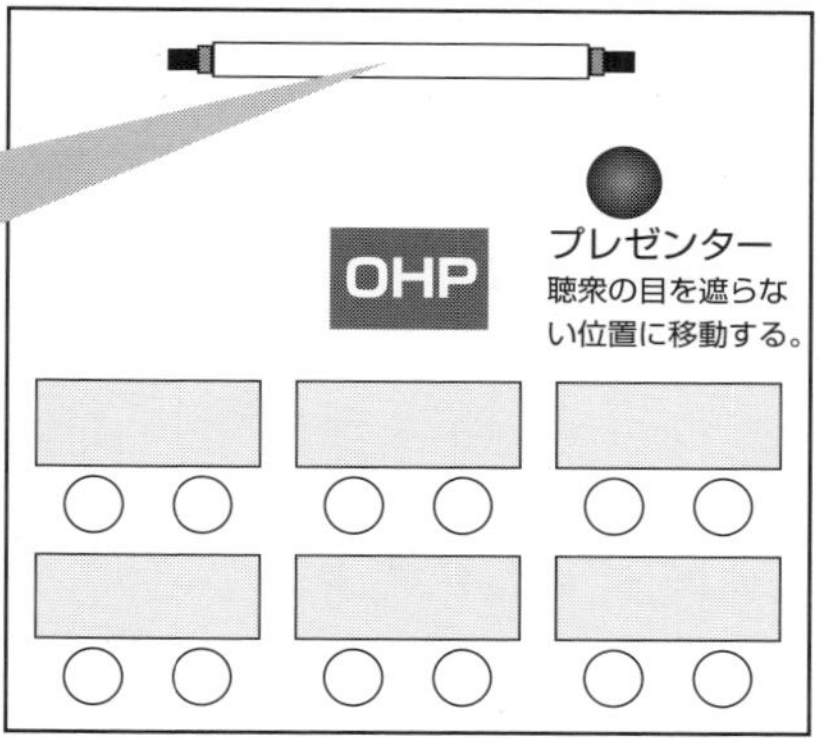
OHP
プレゼンター
聴衆の目を遮らな
い位置に移動する。

よし
OHPの準備は
完了したぞ
そうだ
OHPの特性を活かした
ちょっとした
テクニックを
使ってみよう

● OHPのテクニック ●

OHPテクニック❶ マスキング

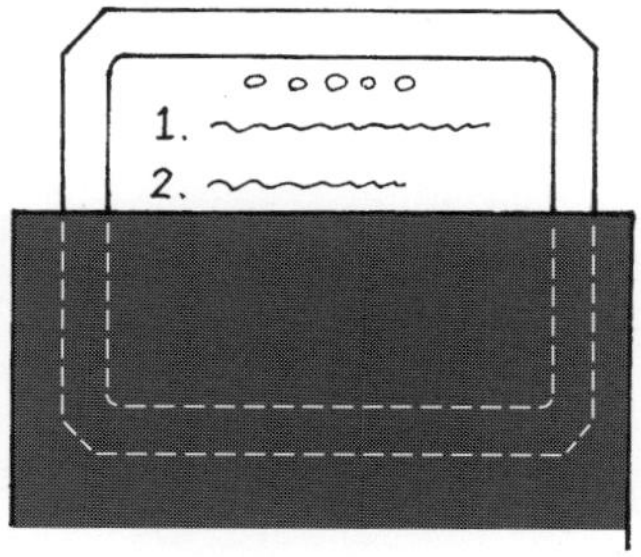
1.
2.

目隠しにした紙を説明の進行に合わせて下にずらしていく。これにより聴衆の意識はプレゼンターに集中し、説明とは関係のない箇所を見ずに済む。

OHPテクニック❷ オーバーレイ

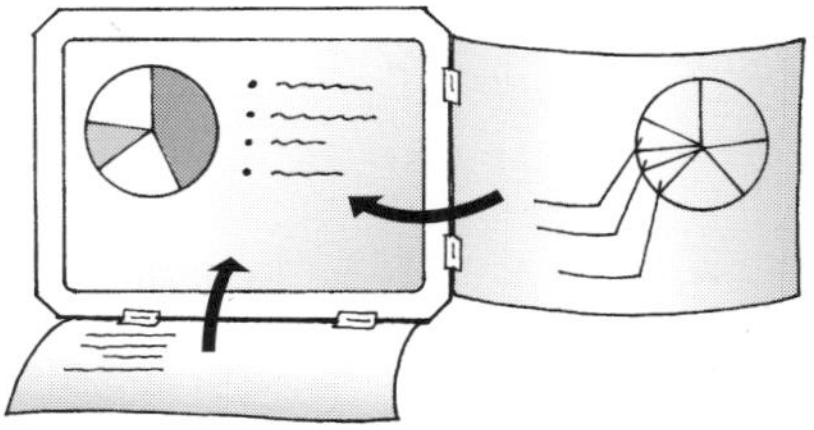

2〜3枚のトレーシングペーパーを重ねながら新しい情報を加えていく。見やすい字で大きく書き、情報を詰め込みすぎないよう注意する。

3 パワーポイントを使った図版の作り方を教えて下さい。

答え

レイアウトの下書きをもとに、ふさわしいテンプレートを選んで作成してみる。

現在のプレゼンテーションでは、必ずといっていいほどパワーポイントで作成された図版が用いられている。パワーポイントで作成された資料は、見栄えがよく、説得力を高めてくれるからだ。

パワーポイントによる図版作成の手順は、手書きのレイアウトに文字を書き込み、パソコンで清書する。テンプレート、レイアウト、配色などを組み合わせ、慣れるに従って自分で配色、デザインを作ればよい。ただ一枚のページに入れる図版は三点までに留《とど》めたい。

背景色はバランスのよい青紫、グラフ中のライバル企業の部分は無味乾燥なグレーがお勧めだ。

基本 パワーポイントのスキルアップ段階

❶インスタントウィザードで作る
→簡単にできてしまうので練習にならない。またページ数の多いデータができあがってしまう。

❷レイアウトの下書きを描いたあと、テンプレートを選んで、レイアウト、配色を自分で考え作成する。

❸自分で配色やデザインを考えて作成する
→全て手動で作ることになるので、作業時間がかかりすぎる。よほどのこだわりがない限りは避けたほうがよい。

自分のスキルアップに従って徐々に難易度を上げていく

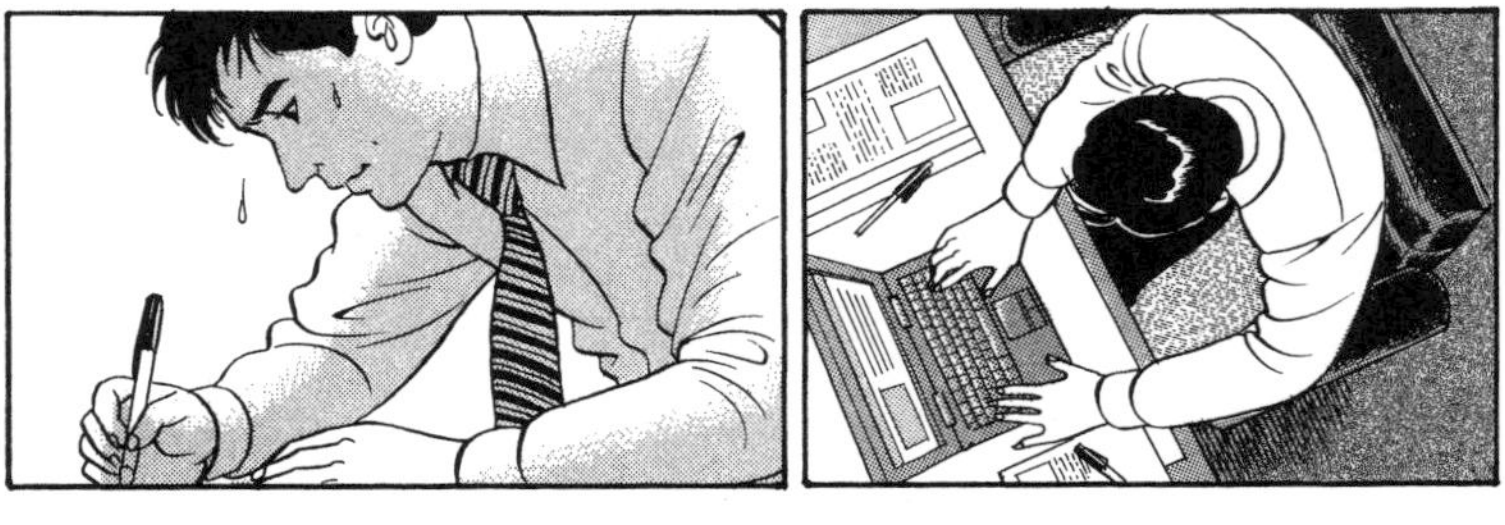

実践　パワーポイントによる作図のコツ

パワーポイントでの作業に入る前に下書きをする！

・おおまかなレイアウトを決める。
・図版の形を考える。

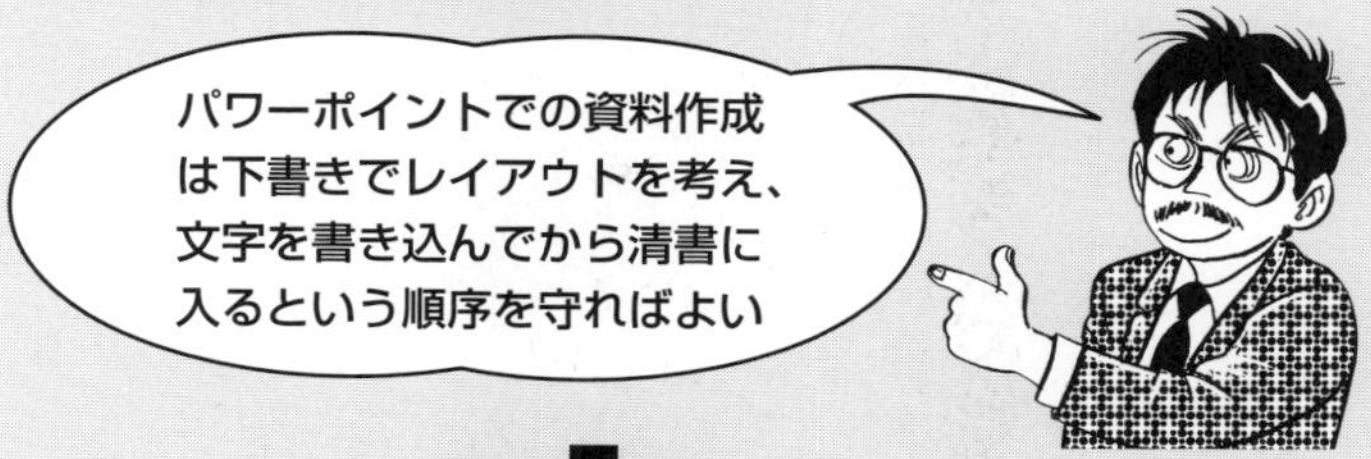
パワーポイントでの資料作成は下書きでレイアウトを考え、文字を書き込んでから清書に入るという順序を守ればよい

図版を作成する！

・テンプレートの中から自分の使いたいもの、デザインを探し、レイアウトの配色などを決定する。
・1枚のスライドにつき、要素は3つまでに留める。

ライバル企業
グレーなどを使い、トーンダウンした色で表わす。

背景色
青紫色は神秘的な印象を与え、聴衆がプレゼンターを認めやすい。

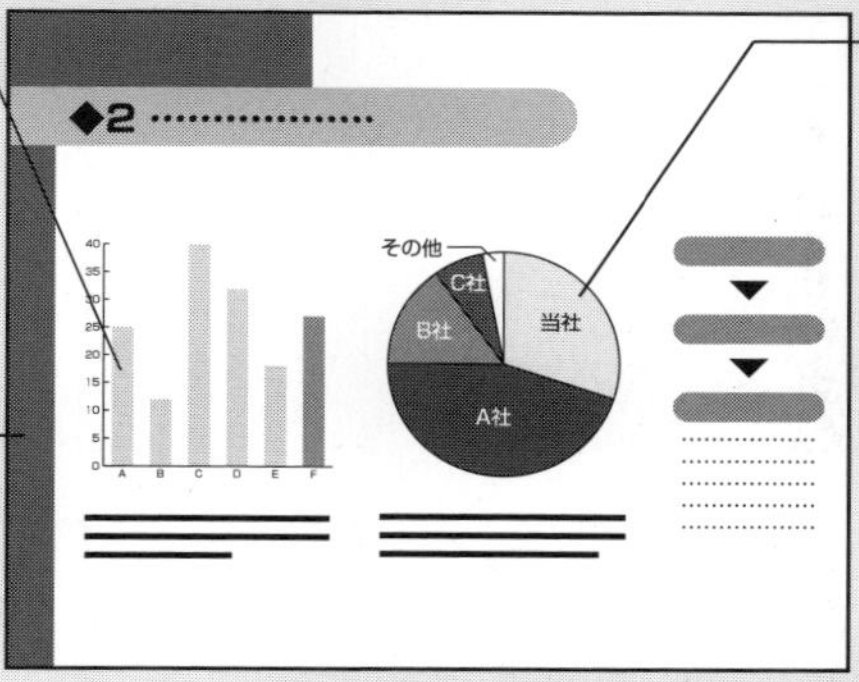
◆2
40
35
30
25
20
15
10
5
0
A
B
C
D
E
F
その他
C社
B社
当社
A社

自社
明るい色を使い、目立つようにする。

ふう！終わった

最初のうちはかなりの労力を要するかもしれないが、パワーポイントを使ったプレゼンテーションは現在の主流である。ぜひマスターしておこう。

4 聴衆を説得するコツを教えて下さい。

答え

商品の説明よりも、商品を使っている聴衆自身の姿を想像させよう。

プレゼンで聞き手を説得するために、様々な話術を使いこなそう。ひとつは想像法。聞き手自身にその商品を使った良い結果を想像させ、納得させていく手法だ。

巧みに相手を誘導する方法もある。この話術は「フレーミング」といい、「従来製品は一〇万ですが当社は五万」と比較を都合よく設定する手法だ。また、無理な依頼をしてわざと断られた後に、現実的な本来の目的を出す「ドア・イン・ザ・フェイス」。

さらに好条件で相手を承諾させた後、本当の目的の条件を出してすり替える「ロー・ボール・テクニック」という手法もある。

基本 成功する説得と失敗する説得

失敗する説得　　成功する説得

液晶画面
処理速度
2倍
大画面
処理が速く、仕事が効率的に進む

商品や企画の特徴や性能のみを説明する。

商品購入後、もしくは企画採用後の様子を聴衆に思い描かせる。

↓

聴衆自身に考えさせ、自らが決定を下すよう仕向ける。

実践 相手の思考を誘導する裏ワザ

Ⅰ.フレーミング……自分の都合に合わせて、巧妙に枠組みを作り、聴衆の思考を操作するテクニック。

液晶画面の21インチ型テレビは、まだ安くても20万はしますよね。なかには○○社さんの製品のように40万もするものもある。しかし、今回わが社が提供いたしますのはなんと10万円！

→最初に市場の価格が20万程度するという意識を刷り込み、聴衆の価格意識を型にはめてしまう。

Ⅱ.ドア・イン・ザ・フェイス……最初に相手が呑めない大きな要求を見せてから、小さな要求を出していく。一度断ったために断りにくいという、相手の心理を利用したテクニック。

部長、今期の長期休暇の件ですが、ゴールデンウィークの前か後に1週間ずつの休暇を入れ2週間連休としてはいかがでしょうか。

（拒絶されたあと）では、ゴールデンウィーク中の平日を休みとして、7連休を実現するというのはいかがでしょうか。

→当然実現不可能な2週間休みを提案し、拒否されたところへ現実的な意見を提案する。

Ⅲ.ロー・ボール・テクニック……最初に軽い条件を呑ませてから条件をすり替えて目的を達成する。

この商品を3か月だけ使用していただけませんでしょうか。

（相手が承諾したあとで）無償では少々厳しいので3か月5000円の料金をいただきますが。

→小さな要求を呑ませてから本来の目的を通すのだが、継続的な商売では信用をなくすので勧められない。

STEP 3

たとえ話

5 専門用語はどしどし使うべきですか？

答え

難解な言葉は、平易な言葉に言い換え、たとえ話を用いて説明せよ。

プレゼンで英語の略語や専門用語を多く使うのは禁物。標語を並べただけの話も聞き苦しい。聞き手がそれらを理解できなかった場合、たちまちプレゼンテーションに興味を失うことになる。

まず難解な用語には、「これは○○という意味で」と解説や言い換えを入れる。また、具体例やたとえ話を盛り込めば話がわかりやすくなる。情報の詰め込みすぎを、身動きできない満員電車にたとえるなど、身近なものや自分の体験談を取り入れるのがベスト。聞き手も実感でき、共感しやすい。

題材は、日頃から関心の範囲を広くして集めておきたい。

基本 古代の聖人も使ったたとえ話

イエス

瀕死のユダヤ人のそばをユダヤ人祭司、ユダヤの神殿に仕える人が続けて通ったが、関わるのを恐れて見て見ぬふりをした。そのあとでサマリア人（ユダヤ人と憎しみ合う間柄の民族）が通ると、彼は瀕死のユダヤ人を介抱し宿屋に送ってやった。

さて、瀕死のユダヤ人の隣人となった人物は誰か？

↓

隣人とは民族の垣根を越え、距離に関係なく他者のために憐れみをもって行動する存在である。

ブッダ

ある時、どこからか飛んで来た毒矢を受けた人がいたが、矢を射た人の名前と年齢、素性、矢と毒の材質・材料は何かわかるまで抜いてはいけないと言ったため、やがて毒が回って死んでしまった。

↓

死後を知ろうとしても、現世で修めるべきことを手を抜いてしまっては何も得ることがない。

イエスもブッダもたとえ話を用いて難しい教えをわかりやすく語った！

実践　たとえ話で劇的に変わるプレゼンテーション

我が社のプロダクトである超大型液晶テレビ『大王』は、従来のプロダクトとは大きく異なり、わが社が理想とするコンプライアンス経営の理念にのっとり……、よりステータスを意識したものとなっています
我が社で独自に研究開発いたしました、新しいバックライトシャーシがコストダウンを実現し、画像処理ＬＳＩと液晶モジュールの新型モデルによる画像をより鮮明なものとすることに成功しました

ザワ
ザワ
あのバカ、何しとんねん選挙の演説やっとるんやないんやで
すっかりあがりおって

・プレゼンでは聴衆の知識レベルを把握しておき、専門用語や略語には解説を入れる。
・たとえ話を用いて話に深みを持たせる。

我が社がこのたびみなさまにお勧めいたしますのは、30インチ大画面の大型液晶テレビ『大王』です。本製品はこれまでと異なり、我が社が理想とする地球環境に配慮した、コンプライアンス経営、いわゆる法令遵守の理念にのっとり……
我が社で独自開発していた部品の改良により低価格でのご奉仕が実現いたしました。地球にやさしく、低価格……燃費のいいハイブリッドカーとでも申しますか……
パチパチ
パチパチ
よしよし受けてるぞ名演説や

聴衆の理解度を確かめる方法はありますか？

答え

区切りのいいところで質問時間を設けて聴衆の疑問を解消しよう。

基本 聴衆の疑問を解決しながら進める

今までのところで、何か疑問点やご質問はありませんか？

- わからない部分があると、次の段階における聴衆の理解度が低下してしまう。
- 疑問点が解消されると、聴衆は安心する。

▼

プレゼンでは区切りのいいところで質問がないか尋ねてみるとよい。

聴衆による意思決定の参加

質問を促された聴衆には意思決定に参加しているという使命感が湧き立つので、最終的な意思決定の折には味方になりやすい。

プレゼンの最中、聴衆がしっかり理解しているかどうか、知ることはなかなか難しい。そこで、プレゼンの切れ間に質問タイムを設けてみるとよい。

聴衆は、プレゼンの途中で疑問や不安を感じるものである。プレゼンターがそれをその都度解消してやることで、聴衆は、プレゼンの一部を理解できないまま進むより、はるかに高い理解を得ることができる。

さらに質問タイムは、聴衆をプレゼンに巻き込む力を持つ。意見を出し、疑問点を確認することで、聴衆は意思決定に参加している意識をより強くするのだ。

実践 質問タイムの挟み方

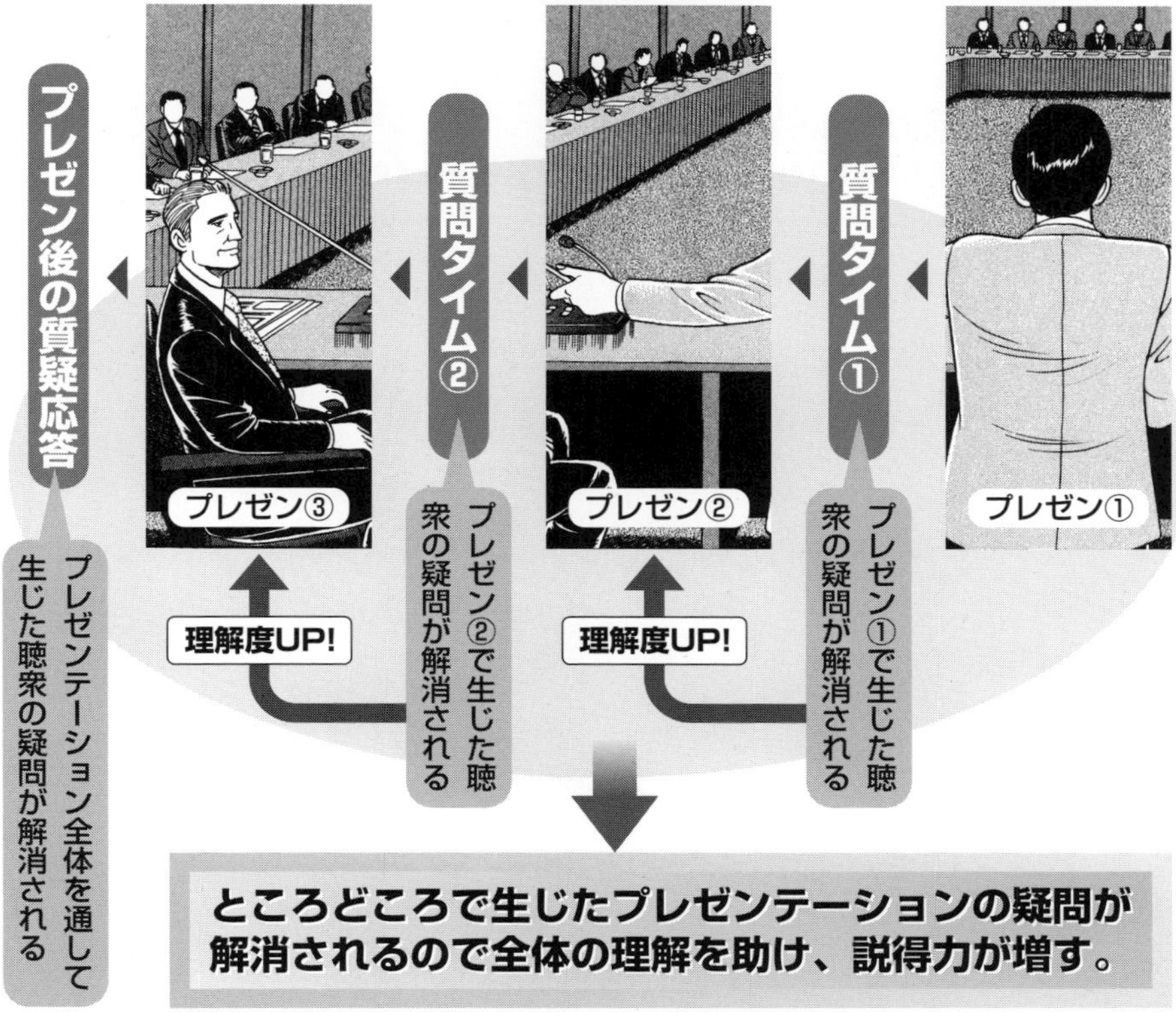

プレゼン①
質問タイム①
プレゼン①で生じた聴衆の疑問が解消される
理解度UP!
プレゼン②
質問タイム②
プレゼン②で生じた聴衆の疑問が解消される
理解度UP!
プレゼン③
プレゼン後の質疑応答
プレゼンテーション全体を通して生じた聴衆の疑問が解消される
ところどころで生じたプレゼンテーションの疑問が解消されるので全体の理解を助け、説得力が増す。

あがり症の人が実践するあがり防止テクニック

プレゼンテーション本番であがらないためには、まずゆっくり深呼吸して、リラックスしていると自己暗示にかけよう。

そして日頃使わない借り物の言葉は用いずに、自分の言葉で話すことである。常に使っている言葉で話せば、言葉を選んで混乱することもなくなるだろう。

それでも主題から脱線し、収拾がつかなくなった場合は、軌道修正する。「話をもとに戻して」や「というわけで」と前置きして本題につなげてしまおう。

頭が真っ白になっては説得どころではない。

予想外の質問にはどう答えるべきでしょうか？

答え

理解を深める質問にのみ答えて本質に関わらない質問は流してかまわない。

プレゼンテーションで最も慌てるのが、話の途中で発せられる聴衆からの想定外の質問であろう。

そういう時は、反射的に対立姿勢で受け止めるのは禁物だ。できたらひと呼吸おいて落ち着く余裕がほしい。そして、質問が聴衆の理解を助けるものであれば答え、本題と直接関係のない質問であったら、「参考になりました」とさらりと受け流せばよい。

また、知識のない質問をされた時、たとえば「高級外国車の現状」を聞かれた場合は「高級外国車と比べて日本車の性能は」などとキーワードを接点に自分の得意分野へと相手を引き込んでしまおう。

基本　突発的質問への対処法

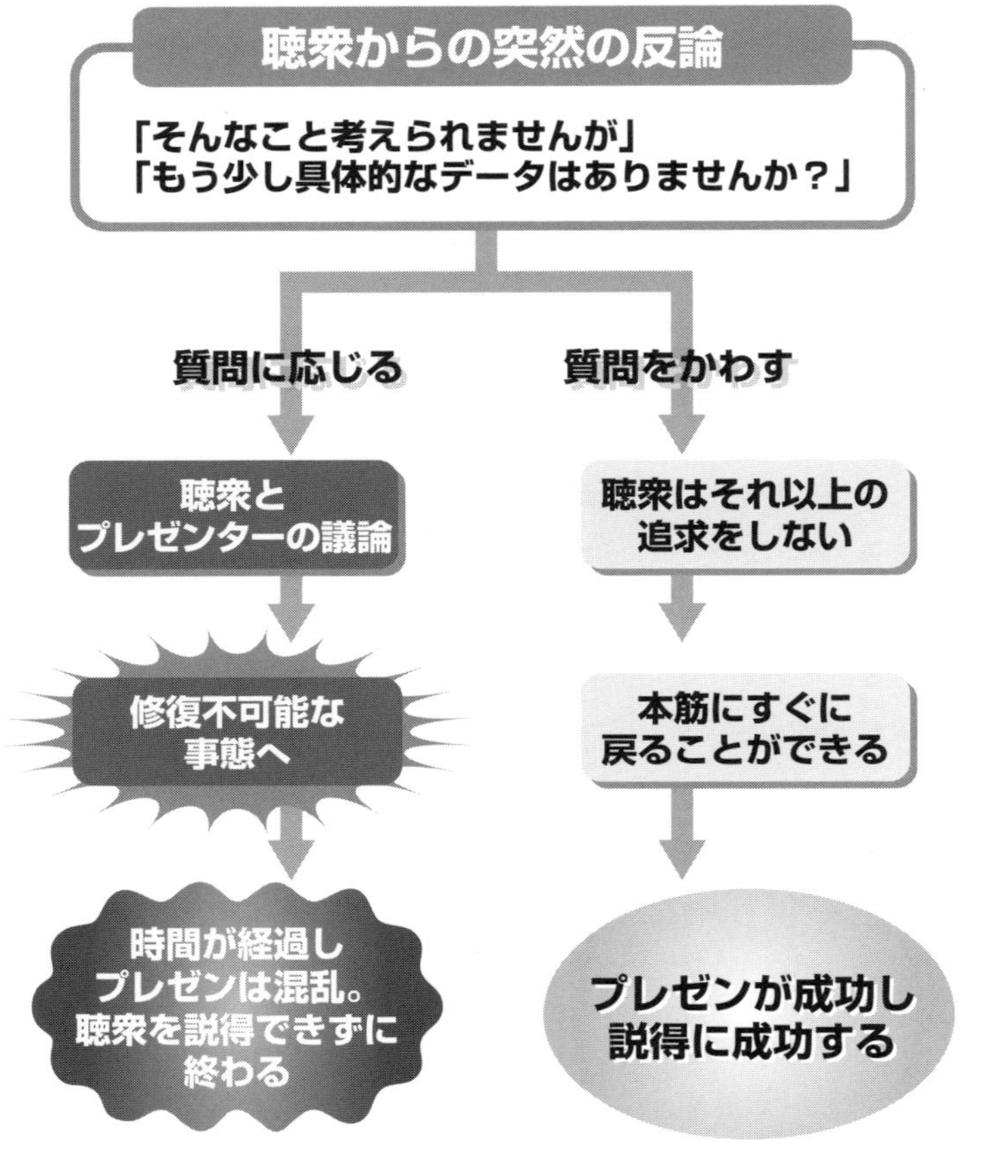
聴衆からの突然の反論
「そんなこと考えられませんが」
「もう少し具体的なデータはありませんか？」
質問に応じる
質問をかわす
聴衆とプレゼンターの議論
聴衆はそれ以上の追求をしない
修復不可能な事態へ
本筋にすぐに戻ることができる
時間が経過しプレゼンは混乱。聴衆を説得できずに終わる
プレゼンが成功し説得に成功する

実践　知識の乏しい質問への対処法

●プレゼンの本質とは関係のない質問を受けても、かわしきれない場合

対応策❶　キーワードを接点にして、自分の得意分野の答えをする。

先日織田信長をテーマにした経営術の本を読んだのですが……。

聴衆

織田信長といえば、楽市楽座をもうけて商人文化を花開かせた人物ですね。そのあとを受けた豊臣秀吉が現代の大阪の基礎を作ったわけですが、そのナニワ商法で伸びている会社がありましてね……。

プレゼンター

自分の得意分野に話を展開してしまうことで、会話の主導権を握りつづける。

対応策❷　相手が話す内容を先回りしてしまう。

先日織田信長をテーマにした経営術の本を読んだのですが……。

聴衆

なるほど、経営術。では、リーダーとしての信長、秀吉、家康はどのようにお考えですか？

プレゼンター

会話の主導権を握りながら、相手を誘導することで、プレゼンターは聴衆から知識がないことを感じられずに済む。

8 利害が対立する聴衆の説得方法を教えて下さい。

答え まずは対立原因を見抜くことが先決であろう。

基本 説得相手との対立原因

説得相手との対立の2類型

↓

俺は
だまされませんよ!!
あんたは噂通り
会社の犬だ!!
このことを
みんなに
言いふらして
やる!!

相手を徹底的に喋らせることで対立の原因がわかる。

感情的な対立

対立の原因が感情的な問題であり、特に相手からの要求がないケース

・相手がただ怒っている時
・プレゼンターが気に食わない

利害を伴う対立

感情的な問題ではなく、相手からなんらかの要求があるケース

・部署同士の利害が対立する
・説得を受けることで損害が生じる

利害が対立した相手との交渉は、相手を知ることから始める。まずは相手に徹底的に喋らせるなどして、感情的な対立なのか、要求を伴っている対立なのかを見抜く。

感情のもつれや相手がただ怒っているだけなら、言質《げんち》をとられず、相手の感情に訴える形で謝る。

要求を伴う利害的な対立なら、こちらも戦略的に考える。ポイントは相手と同じ立場の人を増やすこと。

つまり、相手のライバルを増やすのだ。他部署や他社の自分と同じ動向を提示して、相手を競争せざるを得ない状況に追い込むのである。

実践 対立解消の方法

感情的な対立

素直に謝る

↓

大げさに謝り、相手の感情を静めてしまう。個々で謝っておけば訴訟に発展するなどの実害はない。

利害を伴う対立

害
害
利
利
害
害
利

相手と同じ立場の人間を増やす

↓

たとえば、ある企画を売り込もうとする場合、他社の動向を調べ、自分の企画と似たような企画を見つけたらそれを交渉相手に示す。交渉相手は他社との競合を迫られ、説得を受ける下地ができる。

両者が得をするwin-winの関係に持ち込み、相手を動かす

交渉相手を分析するSSP

ムダな人間関係の対立をのぞくための、対人関係のツールとして開発されたのが「ソーシャル・スタイル・プロフィール」(SSP)である。人は言動により4つのスタイルに大別されるとされる。SSPでは人を「理論派」「現実派」「友好派」「社交派」のスタイルに分け、スタイル別の特徴を導き出す。SSPのそれぞれの特徴を理解すれば、相手を説得しやすくなり、対人関係の軋轢《あつれき》を生まなくてすむ。

司法試験に合格
するが
司法修習生時代に
酔って乱闘
傷害事件をおこし
法律家の道を
断たれる……
ははは
こりゃ
ケッサクだ

交渉相手の意外な素顔が明らかになるかも!?

9 インパクトの強いデータはどこで見せるべきですか？

答え

聴衆の興味が強い場合は最後に出し、弱い場合は最初に提示するといい。

データは説明を補足する有力なツールのひとつである。使い方、見せ方ひとつでその効用は全く変わってくる。

まずプレゼンテーションでは、リアリティを高めるためによく数字を使うが、見せ方には工夫したい。比較のデータを出したり、「東京タワーの二倍の高さに」など数字をイメージ化するのがポイントだ。

また、使い方としては、一〇〇〇万五二一円より、一〇〇〇万という形で端数を略して、四ケタまでに収めたほうがわかりやすい。こまかい数字は、意味がない。

データは出す順序も大切。聞き

基本　数字を出すことで売れるプレゼンにする

売れないデータ提示	売れるデータ提示

この商品はよく売れています。

具体的なイメージを聴衆は把握できず、漠然としたデータだけを頼りにプレゼンテーションを聞くことになる。

↓

失敗

この商品は昨年4月の発売から現在までで、約6万台の売り上げを記録しています。

数字を見せることで、聴衆は具体的に理解することができ、説得力も高まる。

↓

成功

実践 魅せる数字のテクニック

悪い数字をあえて見せる。

数字は4ケタまで。

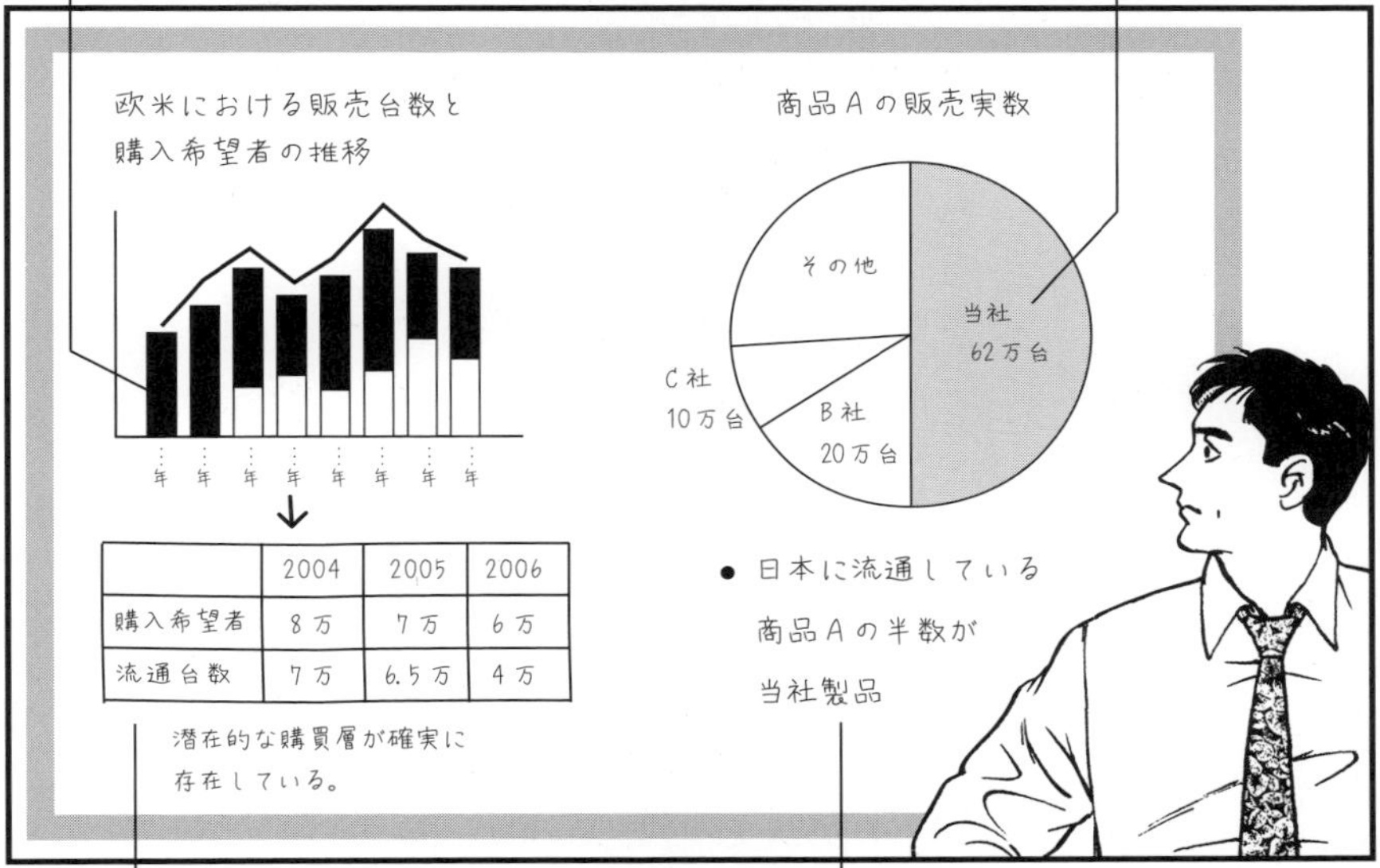

欧米における販売台数と
購入希望者の推移
…年 …年 …年 …年 …年 …年 …年 …年

	2004	2005	2006
購入希望者	8万	7万	6万
流通台数	7万	6.5万	4万

潜在的な購買層が確実に
存在している。
商品Aの販売実数
その他
当社
62万台
C社
10万台
B社
20万台
● 日本に流通している
商品Aの半数が
当社製品

根拠の薄いデータは、何度も提示して信憑性があるようにして見せる。

自分に有利な解釈で図版を作り、聴衆を自分の意図する方向へ誘導する。

手の関心が低い内容の場合は、結論または強いインパクトのあるデータを最初に提示して、聞き手をひきつける。

逆に関心が高い内容の場合は、事実説明の積み重ねで最後に結論を出せばよいので、そのデータ提示は最後でもよい。

ただし、データはその選別にも気を遣いたい。海外や古いデータなど、地域や時代に隔たりがあるものは信憑《しんぴょう》性が薄い。身近なデータを探すべきだ。

それでも根拠の薄いデータしか用意できなかった場合は、見せ方を変えて何度も示す。こうすることで聞き手の記憶に刷りこめるのだ。もちろんこちらに有利な見せ方をするのは鉄則である。

STEP 3

10 論拠はどのように強調すればよいでしょうか？

答え

ポイントに差し掛かったら、その旨を宣言するといい。

興味のある話であっても、数十分も神経を集中して人の話を聞くのはつらいものだ。そこで話し手はメリハリをつけて変化をもたせる工夫が必要である。とくに聴衆のメリットとなる部分はしっかり強調しておきたい。

聴衆の利益や論拠など強調したい部分は、「今から本題を話します」など、注意をひくことが大切。「今から三つのことを言います」と数字を出すのも効果的だ。

また声の大きさやトーンを変える手法もある。声を大きくしたりまたは小さくしたり、一瞬沈黙するというのも注目を集めるテクニックのひとつだ。

基本 聴衆の注意を引きつける

本題に差し掛かったら……

▼

重要ポイントであることを知らせる言葉を発する！

ここからが本題です
これからの企業は
利益を追求する
だけではいけません
その利益を社会に還元する
ことが、企業に与えられた
社会的責任だと思います
たとえば、文化村や
交換留学生基金を
作るとか
東南アジアの国々へ
いろんな施設の提供をする
とか
そういう公共的な活動を
するべきでしょう
シ〜ン

たったひと言で聴衆の注意を引き寄せることが可能である。

実践 聴衆の意識を集中させる言葉

聴衆の注目を集めたい時

- 相手の利益を述べる時
- 論拠を述べる時
- 注目してもらう時
- 結論を述べる時

●聴衆の意識を集中させる言葉●

えー、それではここからまとめに入ります
(大きな声で)

ここからが本題ですが……

今から3つの重要なことを言います

では、ここだけの話ですが
(小さな声で)

相手の意識を自分に集中させるパワーリフト

手元の資料に目を落としがちな聴衆をプレゼンターに注目させたい。そんな時は「パワーリフト」と呼ばれる方法を使う。

これはボールペンや指などを使い、聴衆の視線をプレゼンターに誘導させるテクニックである。

学校の先生がチョークを使って注目させていたのと同じ方法だ。プレゼンは資料だけがあればよいのではなく、それを理解させるプレゼンターのパフォーマンスも大切なのである。

みんな!
静しゅくに!!

大声を出して注意を引きつけるのはあまり賢い方法ではない。

どのような態度が嫌われますか？

この度、九州地区の販売担当役員として命を受けました
皆さんとはつい最近まで福岡HSCの鳴瀬としてお付き合いいただいていたので今さら、ご挨拶するのも変な感じですが気分一新で任務を全うしたいと思っていますのでよろしくお願いいたします

堂々とした態度は共感を呼ぶ。

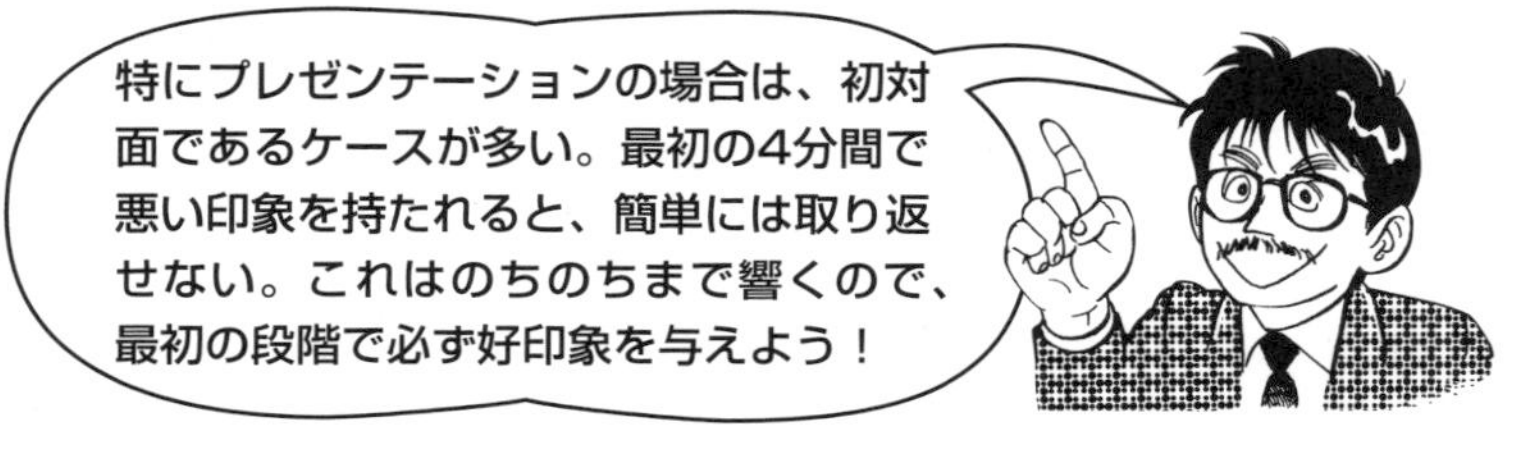
特にプレゼンテーションの場合は、初対面であるケースが多い。最初の4分間で悪い印象を持たれると、簡単には取り返せない。これはのちのちまで響くので、最初の段階で必ず好印象を与えよう！

答え

ネガティブな発言と、強引で傲慢な態度が嫌われる。

人は最初の四分間で相手を判断するという。第一印象で嫌われないためにも以下の点に注意したい。まず自信のない印象を与えないよう、明るく大きな声を出そう。ただ、盛んに自社の売り込みをするなど強引な態度は控える。

とはいえ、一方的な進行や自分に酔った話し方はよくない。時には質問を聞き、聴衆が退屈していないか観察しよう。

競合企業や聴衆に対する悪口はもってのほか。当たり前の質問に対しても、聴衆を見下したり、無視したりしてはいけない。否定的な言動も嫌われる。暗い話題は避け、前向きな発言を心がけること。

実践 こんなプレゼンターは嫌われる

①自信のない態度
▼
頭をかいたり、自分を卑下する発言をせず、明るく大きな声で胸を張って話す。

②強引な態度で話す
▼
押し付けがましく、強引な売り込みは避け、控えめな態度で売り込む。

③誰かの悪口を言う
▼
他社製品や他社の欠点などをつくことはせず、競合相手であっても尊重する。

④聴衆をけなす
▼
聴衆を馬鹿にしたり見下したりしてはいけない。相手の質問に対して薄ら笑いを浮かべてはいけない。

⑤聴衆を無視する
▼
聴衆の質問を途中でさえぎったり、突発的な質問を無視したりせず、どんな内容であっても最後まで聞く。

⑥否定的に喋る
▼
「自分は話が下手で……」などと、否定的な発言は避け、前向きな発言に終始する。

⑦暗い話題やたとえを挙げる
▼
悲惨な災害、殺人事件など暗い話題は場を暗くするので避ける。たとえに挙げる話はできるだけ明るいものに。

⑧知ったかぶりをする
▼
自信のない情報は知ったかぶりをして提供しないようにする。突っ込まれた際に答えに窮してしまう。

⑨一方的に話を進める
▼
独演会は避け、聴衆の動きやしぐさに気を配る。

⑩自分に酔った話し方をする
▼
決まり文句を連発したり、つくり口調で話さず、普段と同じ口調で話す。

12 聴衆の心理はどのように読めばよいのですか？

答  え

聴衆の心理はしぐさに現われる。うなずきや無意識の動作から読み取れる。

プレゼンは聴衆の心理を読みながら臨機応変に進める必要がある。聴衆の心理はしぐさに表われる。うなずく人が多いのは同調のサインだ。ただし、聴衆が多い場合はうなずかないこともあるため、アンカーポイントの人物を見る。

逆に三回以上うなずくのは、否定を示し、「はいはい」と返事をするのと同じこと。他にも無意味にお茶を何度も飲んだり、衣服を触ったり、そわそわし始める行動も否定や拒絶のサインといえる。

こんな時、柔軟に対処すべきだが、大切なのは相手の利益を考える気持ちを忘れないこと。相手にへりくだった言動は厳禁だ。

基本 うなずきが示す聴衆の心理

●うなずきの意味

同意	聴衆がプレゼンターと同じ考えである
積極的な賛成	聴衆がプレゼンターの意見を支持している
受け入れ	聴衆がプレゼンターの説得のとおりに動くという意思表示
理解	聴衆がプレゼンターの話を理解しているという合図

うなずきは基本的に肯定の意思を表わすが、一方で逆の意味を表す場合がある。

うなずきがない

- 否定的意見を持っている
- 判断保留の意思がある
- 考え込んでいる

うなずきを3回続ける

タイミングのずれたうなずきは話に興味がない意思を表わしており、拒否・否定のメッセージを送っている。

うなずき方をしっかり見て、聴衆の心理を理解しながらプレゼンを進める

実践 会話を拒否するサインと対処法

プレゼンの途中でほかのことを始める

周囲を見回すなど落ち着きがなくなり、話の内容に飽き始めている様子。

椅子から腰を浮かせる

拒否の意味合いが強い動作。

咳払いをする

わざとらしい咳払いはプレゼン内容への拒否、もしくは内容への反対を示す。

腕組みをする

プレゼンターに対して好意を持っていない心理の表われ。

お茶やコーヒーに手を伸ばす

具合の悪いことを言われた時のしぐさ。

席を離れる

退屈しているか、拒否の意味合いが強い動作。

こうした動作に対し……

GOOD CASE

顧客のために役に立つか否かを考え、顧客への迎合が顧客のためにならないと判断した場合は、へりくだらず、プレゼンテーションを進める。

▼

顧客は不快感を覚えるが、プレゼンが進むにつれて結果的に自分たちのためになるとわかり、満足してくれる。

BAD CASE

説得の成功だけを狙い、顧客の態度に合わせて拒絶された内容を切り上げ、へりくだったプレゼンテーションへと転換する。

▼

顧客からプレゼンに自信がないと思われ、質の悪いプレゼンテーションになってしまう。

13 質疑応答を成功させるポイントを教えて下さい。

答え

あらかじめ質問を予想しておき、質問の答えは力強い結論を用意しておく。

プレゼンテーションが終わると、質疑応答へと移る。この時、事前に予想される質問と答えを用意しておくと対処しやすくなる。

質問を受ける時は聴衆に挙手を徹底させる。挙手させずに対話形式で質問を受けてしまうと、質疑応答が他の参加者を無視して長引いてしまう。

答える前には質問を復唱し、「人数が足りないのでは」などという否定的な質問も「人数を増やすべきではという質問がありました」と肯定的に言い換える。答えは明るく簡潔に行ない、良い質問が出たのを最後にしてインパクトのある結論で締めくくることだ。

基本 質疑応答における聴衆の質問類型

❶賛成の質問

〇〇さんのご提案に賛成いたします。直ちに実行に移していただきたいのですが、いつ頃からの実行が可能ですか？

▼

プレゼンテーションの内容に賛同してくれる質問

❷普通の質問

お手数をおかけして申し訳ございませんが、先ほどのシェアを示したフリップをもう一度見せていただけませんでしょうか？

▼

単に聞き逃したこと、疑問点などを尋ねてくる質問

❸反対・否定の質問

ご提案の内容はわかりましたが、現実的ではないかと思います。今後の市場推移の予測が少々楽観的すぎるのではないでしょうか？

▼

プレゼンテーションの内容に反対の意思を含む質問

実践 質疑応答を成功に導く手順

STEP1：あらかじめ質問を予測しておく

リハーサルの段階で質問予定表を用意しておき、さらにプレゼンテーションの最中にも予想される質問を考えておく。

STEP2：挙手をもって質問を受け付ける

聴衆に対し、「質問のある方は挙手を願います」と発言を促す。ここでは手を挙げない質問者に質問をさせてはいけない。

挙手しない質問者の質問を受けると対話形式になってしまい、他の聴衆が置いていかれてしまう。

STEP3：質問者とアイコンタクトを交わす

質問者の発言中、プレゼンターはアイコンタクトを行なう。この間、質問を遮ったり、質問者に対して嫌な顔をしてはいけない。

STEP4：ひと呼吸置いて復唱する

質問者の質問が終わったら、必ず質問を復唱し、プレゼンター、聴衆ともに理解できるようにする。

STEP5：必ず強い結論で終わる

聴衆に目を配りながら質問に答える。質問の答えではもう一度自分の主張を展開し、説得するように努める。そして、プレゼンの結論を強い形に言い換えて締めくくる。

相手を誘導する二枚舌は使うべきか否か？

交渉上手な人は二枚舌を使わない。

そもそも二枚舌とは発言に一貫性がないことで、日本のビジネスマンに多いといわれる。ただしその原因は日本人と会社との関係にあることが多い。日本の担当者は交渉の本当の目的も知らされず、また権限も与えられていないため、結果的に発言に矛盾が生じるのだという。

交渉の全権を任されたアメリカ人の方が、会社との一体感が強く、理詰めで堂々と交渉できるようだ。

女性を口説く際にも二枚舌は不要だ。

STEP 3

14

失言解消法

失言にはどう対処すべきですか？

答え

気の利いたひと言で失言の毒を中和！言葉が見つからなければ素直に謝ろう。

基本 失言をしてしまった時は……

あなた！どういうつもり!?
さっき私が電車の中で化粧していたの知ってるでしょ！
プレゼンテーションでこんな嫌がらせを受けるとは思わなかったわ!!

素直に謝るか、失言挽回策を講じる

プレゼンテーションの場で何気なく発した言葉により、聴衆に不快感を与えてしまった。そんな時、挽回《ばんかい》策としては毒を中和させてフォローする方法が一般的だ。「あくまでも一般論です」「個人差があります」などと言えば、少しは聴衆に与えた不快感を和らげることになる。

もちろんこれは高度な技術が必要で、言い訳がましくならない程度にするのがコツ。

逆に初対面の場合や、挽回が難しそうならば、「失礼しました」と率直に謝ったほうがよいだろう。

どちらにしても咄嗟《とっさ》の機転を利かせて対処することが大切である。

実践 毒を中和する失言の解消法

最近、女性専用車が増えてきましたが、男性の目がないのをいいことに電車の中で堂々と化粧をする人が増えてまいりまして……

→悪い例を挙げようとしたら聴衆のプライドを傷つけてしまった！

聴衆の反感や嫌悪感がプレゼンターに向けられる

・まぁ、そんなずうずうしい方はここにはいらっしゃいませんが……
・この話は一般論です。この会場にそのような人がいるというわけではありません。

聴衆の反感がわずかながらに和らぐ

とはいえ、失言挽回策は高等テクニックなので、慣れないうちは素直に謝ってしまうのが良い

箱田忠昭氏の「丁賞感関謝」

箱田忠昭氏は、失言を許してもらえる、打ち解けた関係作りこそが大切だと言う。そのため箱田氏が考え出したのが「丁賞《ていしょう》感関謝《かんかんしゃ》の法則」。「丁」は日頃から丁寧な言葉づかいを心がけること。「賞」は人をほめること。「感」は感謝すること。「関」は相手への関心をもつこと。「謝」は潔く謝ること。いつも丁寧で、人に関心をもってほめ、素直に謝る人は誰からも好感を持たれるので、少々の失言ならご愛嬌で許してもらえる。

日頃から腹を割った付き合いが、社内での失言を和らげる。

STEP 3

15

プレゼンから契約を取り付けるコツは何ですか？

答え

クロージングのサインをがあっても、焦らず相手の不安を解消してから契約しよう。

プレゼンテーションもいよいよ佳境《かきょう》に入り、聴衆に意思決定を促そうとする場合。ここで焦って「この意見に賛同ですか」などと追い込みをかけないこと。聴衆が自分で判断するよう仕向けることが大切だ。うまく誘導するには「もしこの商品を使えば……」と仮定の話を積み重ねるとよい。「これを使えば御社の仕事がこれだけ効率化する」とイメージ化させ、決断につなげるのだ。

最後はダラダラ長引かせたり、「さっきの件ですが」とむしかえさない。「おわかりいただけたと思います」と後味よく終わるのが好ましい。

基本 クロージングのサイン

そうか……ではもし今契約するとしたら
商品はいつごろ届けてもらえるのかな？

聴衆の中にいる意思決定者がプレゼンや説得を受け入れた後に関する質問をしてきたら……

幣社の受注責任者はこのように申しておりますが、いかがでしょう？
そうですね……
一〇〇台まででしたら来週中にはお届けできます

クロージングの好機と捉えよ。

実践 成功するクロージング

聴衆が発するクロージングのサイン

・いま契約したら具体的にはいつ頃納品できるんだい？
・他にどのようなカラーがあるのでしょうか？

クロージングに取りかかる

失敗するクロージング

クロージングのサインと見るや、顧客の不安をかえりみず契約を強引に迫る。

焦って強引に契約を迫る

成功するクロージング

クロージングのサインがあっても、焦らず顧客の不安をひとつひとつ解消していく。

顧客に納得して契約してもらう

契約にこぎつけなかった時の対処法

契約にこぎつけられなかった交渉もあるだろう。実は負けた時の印象も大切なのをご存じだろうか。その時点で次の交渉が始まっているといっても過言ではないのだ。契約を断られると、捨てゼリフを吐いたり、契約を取られたライバル会社の悪口を親切面《づら》して告げる人もいるが、いずれも話し手の評判を落とすだけ。それよりも自分の力不足を認めて反省の弁を述べ、ライバル会社をほめる。その誠実さが次回の交渉へとつながるのだ。

断りの電話でも明るく対応しよう。

STEP 3

16 プレゼンテーションの評価はどこを見るべきですか？

答え

反省点のみならず評価できる点も明らかにして、次回に活かすこと。

基本 プレゼンテーションが終わったら……

キミのプレゼンは
なかなかよかったぞ
わかりやすかったし
言葉もはっきりしていて
堂々としたものだった
ありがとう
ございます

プレゼンテーション終了後、全体の反省と評価を行なう

上司や同僚に評価を尋ねたり、自己評価を行なってよくできた点と反省点を明確にする。

↓

次回のプレゼンテーションに向けてトレーニングを行なう。

プレゼンテーションが終わったら反省と評価を、内容と話し方のふたつの観点から行なう。まずは良かった点と失敗した点を選び、今後の課題を明確にする。最終的には伝えたかったことが伝わっていたかをチェックしたい。

評価を知るにはアンケートの結果のほか、上司などに「この部分は失敗だと思うのですが」と具体的な質問をして本音を聞きだす。良い点を伸ばすことが肝心である。

以上を踏まえながら、さらに良いプレゼンテーションをするためにトレーニングに励む。その際、理想とする人をイメージして訓練をするのが効果的だ。

プレゼンテーション評価シート

[話し方]

□1　聴衆全体に聞こえる大きな声で話すことができたか？
□2　話すスピードは適切だったか？
□3　プレゼンテーションのポイントに合わせて抑揚がつけられていたか？
□4　適切な言葉で話すことができたか？

[ボディランゲージ]

□1　姿勢と立ち位置は適切だったか？
□2　服装は適切だったか？
□3　適切なゼスチャーができていたか？
□4　表情は硬くなかったか？

[内容]

□1　与えられた時間内にまとめることができたか？
□2　ＯＨＰなど機器の扱いは適切だったか？
□3　配布資料はわかりやすかったか？
□4　結論をはっきり伝えられていたか？

[聴衆の反応]

□1　質疑応答には適切に答えられたか？
□2　飽きている聴衆はいなかったか？
□3　眠くなっている聴衆はいなかったか？
□4　聴衆は内容を理解していたか？

プレゼン評価グラフ

チェックを入れた数をグラフの各項目に書き込み、長所と短所を明確にしよう！

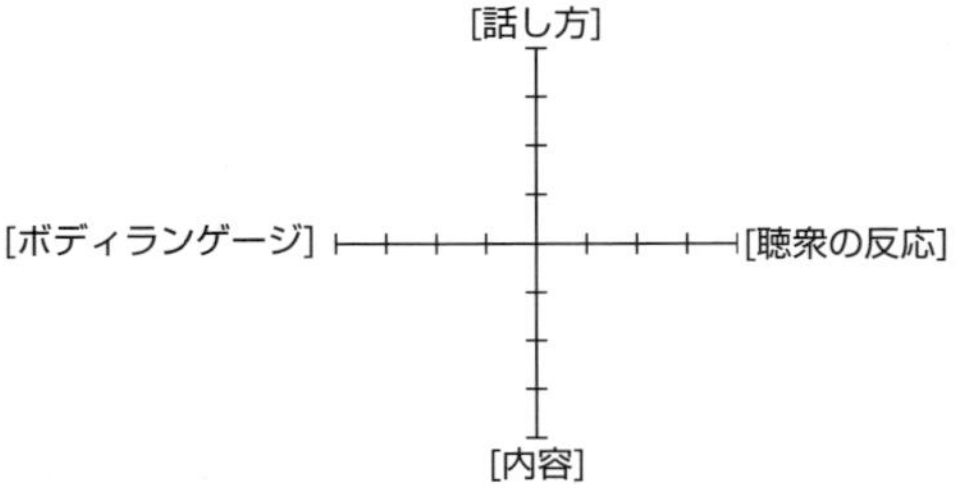

コラム　隣の会社のすごい会議③

ブレーンストーミングの有効活用

会議で「何か意見はありませんか」と質問しても沈黙が続いて盛り上がらなかったという経験をした人も少なくないだろう。そんな時は、会議を停滞させず、どんどん意見を出させて盛り上げる「ブレーンストーミング」（→P122）を活用しよう。

ブレーンストーミングとは、意見やアイディアをどんどん出し合う会議のこと。基本的には、意見を批判せず、とにかく意見やアイディアをみんなが出し続ける。人のアイディアから新たなアイディアが生まれ、生まれたアイディアを模造紙に書き連ねる。

雑誌『プレジデント』の記事によれば、酢の老舗メーカー「ミツカン」では、ブレーンストーミングを巧みに活用して、納豆のヒット商品開発へとつなげているという。

企画や開発、技術などから自由参加で集まった「ミツカン」の約十人の会議は、むしろ雑談の雰囲気である。そしてブレーンストーミングが始まると、ひとつのアイディアが新しいアイディアを誘発し、次々に意見が飛び出す。

こうした自由な雰囲気はファシリテーター役の手腕によるところも大きい。自らカジュアルな口調で切り出し、上下関係を超えて、思ったことをそのまま口に出せる雰囲気を作り上げる。

意見が途切れた時は、視点を変えた質問を繰り出し、軌道修正や議題を次へと移す。さらに商品のパッケージに話が移った時には、テーブルの上に用意されていた紙やハサミを使って模型を作るように指示するなど、顧客側の視点に立たせた上で、次々と意見を誘発していくのだ。

こうした会議は予定調和ではなく、みんなの意見の上で決定していくのが特徴。そのため、ひとりでは得られない情報やアイディアをどんどん盛り込むことができる。

メンバーがそれぞれ感じたこと、得た知識や情報をみんなが共有する。そこから発想が広がり、常識にとらわれないアイディアが生まれるのである。

STEP 4

会議の準備

STEP 4

会議の準備

会議の進行を任されたら、どのような準備が必要なのか？

実は2週間後に生産部門、営業部門、宣伝部門、企画部門からふたりずつ出席して、新商品の販売促進のための会議を開くことになった　キミにはこの会議の進行役をお願いしようと思う
よろしく頼む
え？
よろしく頼むよ
会議の成功は進行役にかかっている　しっかり準備をして臨んで欲しい

発言力・説得力・まとめる力……すべてが試される仕事

　ビジネス社会にあって会議はなくてはならないシステム。数人の打ち合わせから数百人規模の大会議にいたるまで、多くの会議が存在し、ビジネスシーンをリードしている。

　こうした会議を取り仕切る役割を命じられたあなたは、なんとしても会議を目標達成に導かなければならない。STEP4では、会議の進行役を命じられた際、会議が始まるまでに何をすればよいのか、会議を成功に導くための準備について解説する。

STEP4のポイント ―会議の準備―

1 目的の設定

Q1 会議を開くにあたりまず何をするべきですか？ ☞ P.96

Q2 会議の所要時間はどのように予測すればよいですか？ ☞ P.98

2 会場設定とアジェンダ

Q3 会場を決める際のポイントを教えて下さい。 ☞ P.100

Q4 備品調達において留意すべきことは何でしょうか？ ☞ P.102

Q5 開催通知はどのように作るのですか？ ☞ P.104

3 運営側の役割

Q6 記録係はどのような人物が適任ですか？ ☞ P.106

Q7 ファシリテーション型会議とは何ですか？ ☞ P.108

Q8 ファシリテーターはどのような仕事をするのですか？ ☞ P.110

STEP 4

1 会議を開くにあたりまず何をするべきですか？

答え

会議の目的と目標を導き出し、目標達成のプロセスを議題に！

プロジェクトを任されるなどして会議の進行を担うことになったとしよう。そこで、会議の開催を決めたら、まずは会議の背景（現在の状況）、目的、目標をはっきりさせる。何のために会議を行ない、会議から何を得るかということを決めるのである。

たとえば、取引先に企画の提案を行なうという状況がある場合、会議は企画案の内容検討を目的とし、新企画の決定が目標になる。

目標が決まったら、どのようなプロセスを踏めば目標を達成できるかを考えて議題を導き出す。例の場合、最終的に企画案を決定するために、企画の中身について議

基本 会議の成功に欠かせない8つのポイント

目的
・何をするために会議を開くのか？
・主催者は現状と目的を把握しているか？
・参加者は現状と目的を把握しているか？
目標
・主催者は目標を把握しているか？
・参加者は目標を把握しているか？
内容
・議題は絞られているか？
・必要な資料は参加者の手に渡っているか？
場所
・参加者が集まりやすい場所か？
・人数に合った広さの会場が選ばれているか？
・騒音のない環境か？
費用
・会議にかかる費用は予算内か？
・臨時の出費に対する備えはあるか？
方法
・司会・進行役は決まっているか？
・リーダーはどこまで会議に参加するのか？
時期
・参加者が集まりやすい日時か？
・議題と時期が合っているか？
・2時間以内に会議を終われるか？
参加者
・参加者の人数は適当か？
・参加者の準備は万全か？
・幅広いセクションから選んでいるか？

実践 議題決定に至るプロセス

Ⅲ アジェンダの配信　＜　Ⅱ 人・物・金・時間の調達　＜　Ⅰ 会議・内容の決定

❶背景を考える

・現在、会社や部署が置かれている環境を吟味し、会議が必要か否かを考える。

❷目的を考える

・背景を吟味し、会議が必要と考えたら、会議で何をするのかを考える。

❸目標を考える

・目的を果たした後に獲得しているべきことを考える。

❹議題を考える

・議論の後に目標が達成される議題を挙げ、3つに絞っておく。
→具体的で動きがあり、前向きな議題にする。

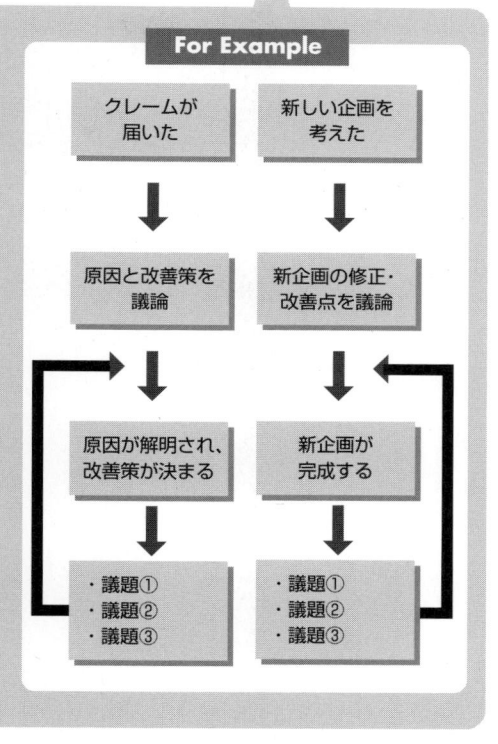

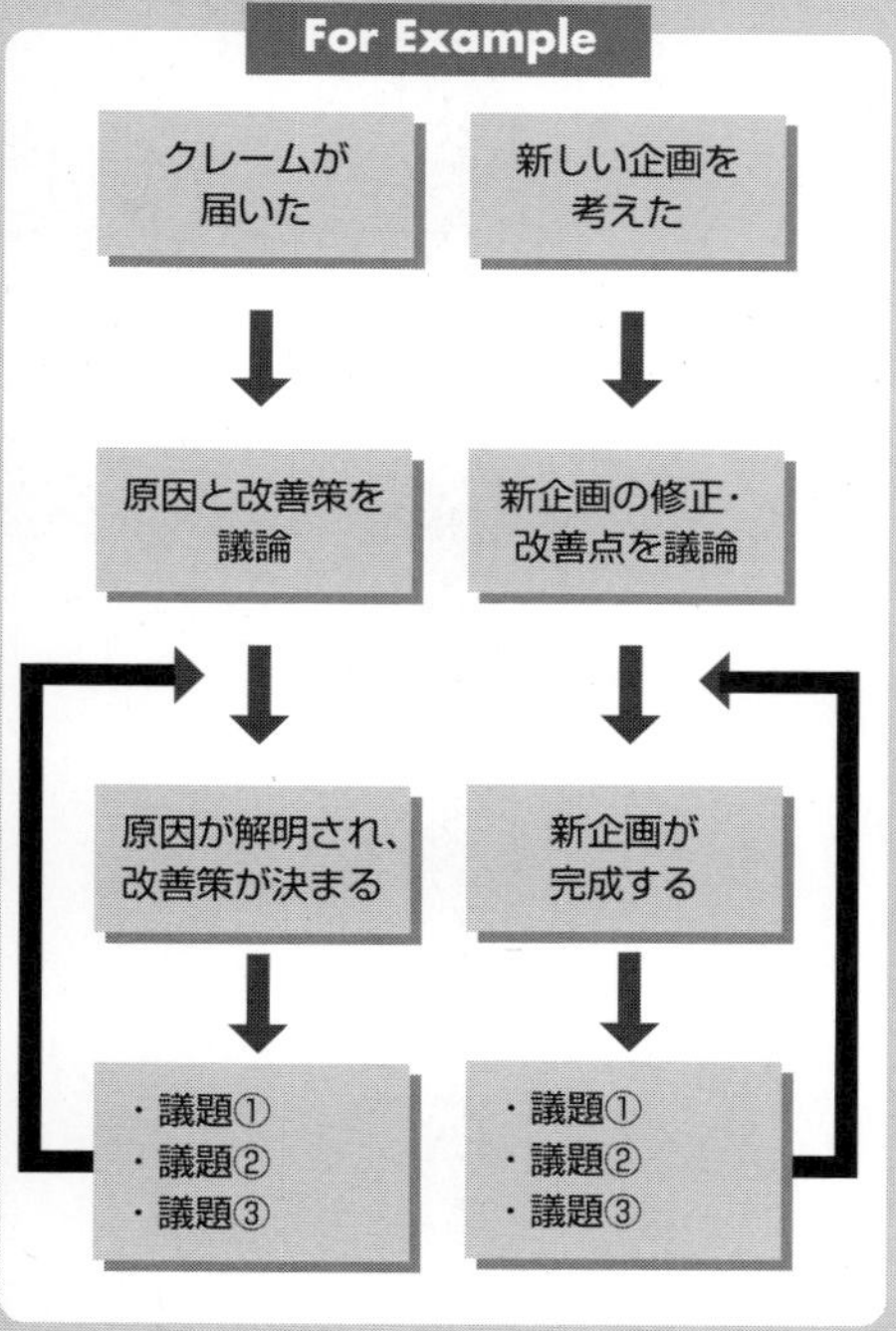

For Example
クレームが届いた
新しい企画を考えた
原因と改善策を議論
新企画の修正・改善点を議論
原因が解明され、改善策が決まる
新企画が完成する
・議題①
・議題②
・議題③
・議題①
・議題②
・議題③

論することが議題となる。

ただし、議題は三つまでに絞り込むこと。三つ話し合えば目標が達成されるように組み立てる。

議題を三つに絞るには、少人数のグループに任せる、会議を二回に分ける、伝達部分は削除するなどの工夫が必要だ。

議題決定後、時間のムダや混乱を避けるためにも、議題表を作って円滑に進行できるようにしたい。

議題は名前のつけ方にも工夫しよう。二〇字前後で、具体的で前向き、かつ動きがあるものがよいだろう。「仕事の事故をなくすには」「危険防止について」よりは、「誰でも安全に仕事ができるシステム作りとは」などの方が参加者も理解しやすい。

STEP 4

2 タイムスケジュール

会議の所要時間はどのように予測すればよいですか？

答え

ひとりの発言時間×回数×出席者数＋一〇分の予備時間の公式を使う。

会議の目的・目標・議題が決まったら、所要時間を割り出そう。時間が決まっていると、参加者も集中しやすく、予定も立てやすい。

所要時間は、ひとりの発言時間と回数、出席者数から計算する。

発言時間は一回一分を目安とし、それに人数と平均回数、予備の一〇分程度を加えたものが基本の所要時間である。

続いて、割り出した所要時間をベースにテーマや出席者の顔ぶれによって調整。ただし長くても二時間以内に終わるように設定する。

所要時間が決まったら、これに即して進行プログラムを作成し、全体の流れを明確にしておこう。

基本 長時間を要する会議と短時間で終わる会議

	長い会議	短い会議
出席者の事情	・出席者の数が多い ・多くの部署から参加者が出る ・司会者の経験が浅い ・会議を荒らすようなタイプの人がいる etc.	・出席者が少ない ・参加者がひとつの部署内に限られる ・ほとんどの人が意見をまとめている ・根回しがされている ・司会者が経験豊富 etc.
テーマによる事情	・議論を行なう必要がある ・主催者側の準備が不十分 ・取引条件の隔たりが大きい ・参加者同士の利害が対立するテーマ etc.	・情報伝達のみの会議 ・主催者側の準備が万全 ・取引条件の隔たりが少ない ・参加者同士の利害が一致するテーマ etc.

会議の所要時間は出席者の状況・会議の内容によって異なってくる。

▼

参加者の状況から所要時間を計算する

実践 所要時間の割り出し方

ひとり平均の発言時間（1分） × ひとり平均の発言回数 × 出席者数 ＋ 予備時間10分

＝ **会議の所要時間**

● For Example ●

会議の目的：新企画の案を練る／参加者：10人／発言回数：5回

会議の参加者は営業部、宣伝部、開発部から合わせて10人……ひとり平均の発言時間を1分として……
発言回数5回と予備時間10分を足す……

会議の所要時間……60分

参加者の緊張を解きほぐすアイスブレイク

会議は、リラックスして集中するのが一番。その雰囲気を作るためにオススメなのが「アイスブレイク」である。これは、会議の前に参加者同士の緊張感を解くために、簡単なゲームやクイズ、雑談を行なう。

無作為に名前の書いたカードを引き、自分の名札をつけた人を探して自己紹介するゲームなど、様々なゲームをして互いの壁を取り払っていく。コミュニケーションを伴うゲームが効果的であろう。

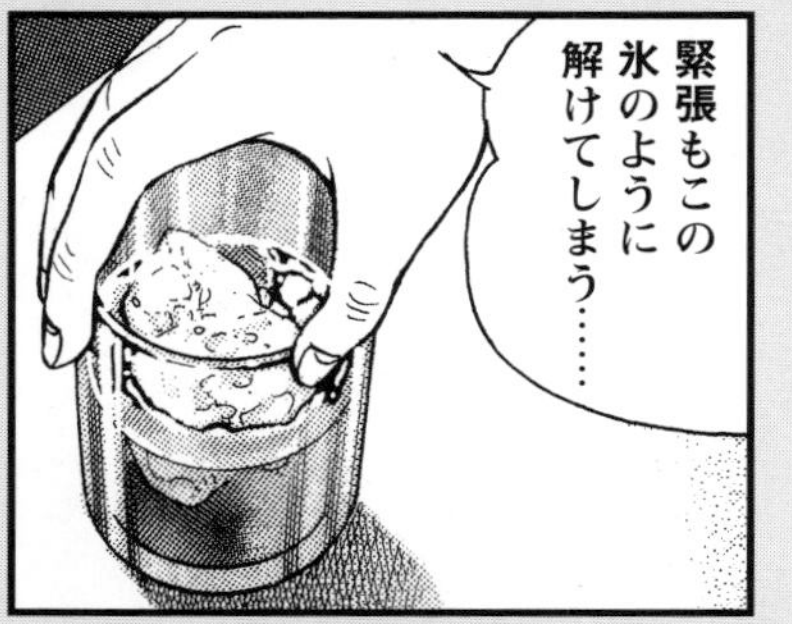

緊張もこの氷のように解けてしまう……

会議を円滑に進めるのに重要な役割を果たす。

3 会場を決める際のポイントを教えて下さい。

答え

最小のコストと時間で集まれる立地で、人数に適した広さの会場を選ぶ。

基本 会議に適した会場の条件

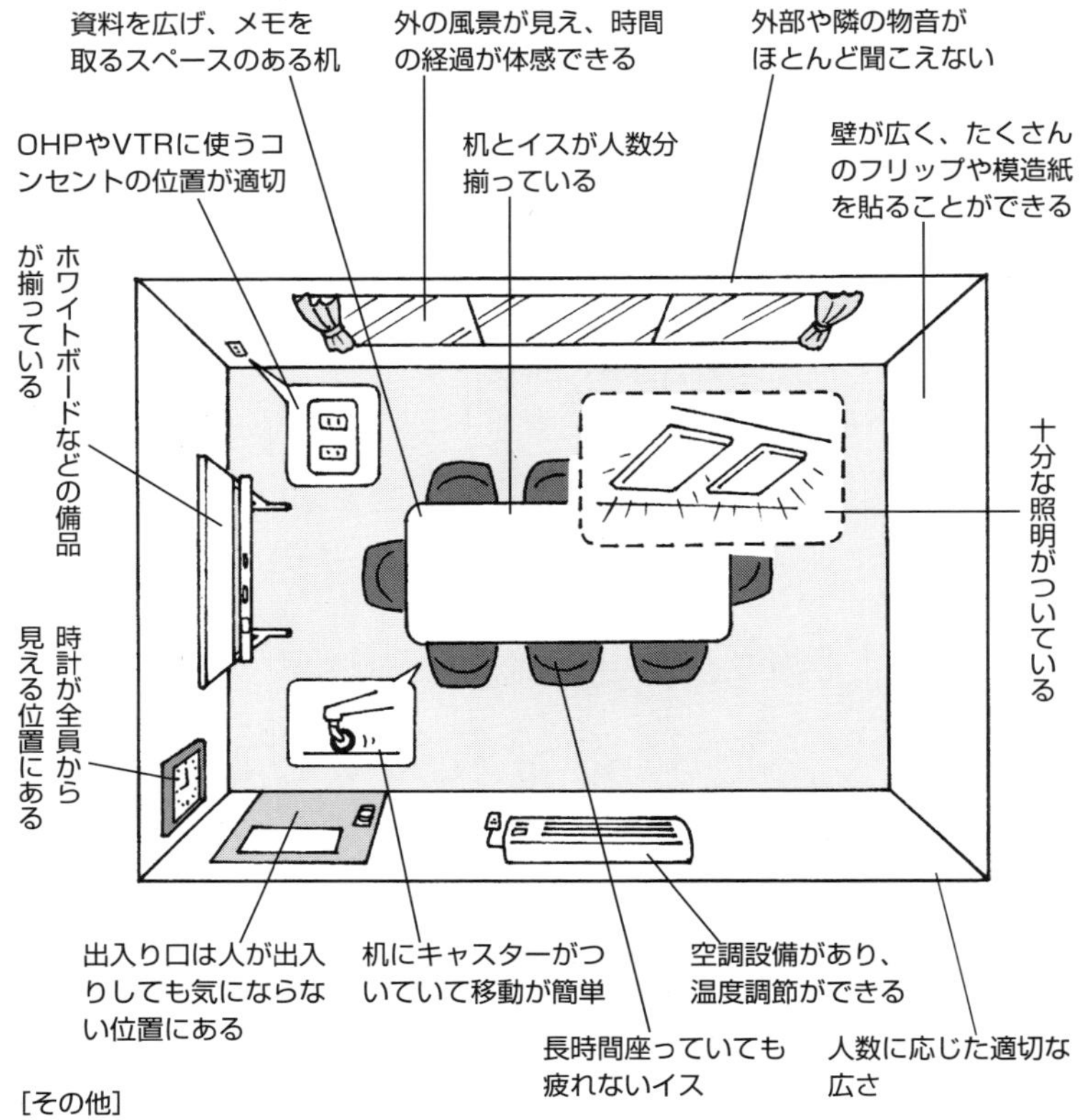
資料を広げ、メモを取るスペースのある机
外の風景が見え、時間の経過が体感できる
外部や隣の物音がほとんど聞こえない
OHPやVTRに使うコンセントの位置が適切
机とイスが人数分揃っている
壁が広く、たくさんのフリップや模造紙を貼ることができる
ホワイトボードなどの備品が揃っている
十分な照明がついている
時計が全員から見える位置にある
出入り口は人が出入りしても気にならない位置にある
机にキャスターがついていて移動が簡単
空調設備があり、温度調節ができる
長時間座っていても疲れないイス
人数に応じた適切な広さ

[その他]
・使用料金が予算の範囲内
・多くの参加者が最小のコストと時間で到着できる場所

会議を開く時には、話し合いの環境にも注意を払いたい。会場選びのポイントは、まず多くの参加者が最小のコストと時間で集まれる場所であり、騒音がなく、人数に合う広さであること。ホワイトボードなどの備品が揃い、使用料が予算の範囲内であることも条件である。加えて、模造紙を貼れるような広い壁があるとなおよい。

座席レイアウトは、十人前後までは半円形、それ以上は少人数ずつにわけた形がお勧め。うるさ方は会議リーダーから見えない席、大人しい人は会議リーダーの近くの席、リーダーは全員から見える席などに配置する。

実践 会場のレイアウトの基本

会議の種類や内容に応じて、様々なレイアウトを使い分けよう。

印は進行役または主催者

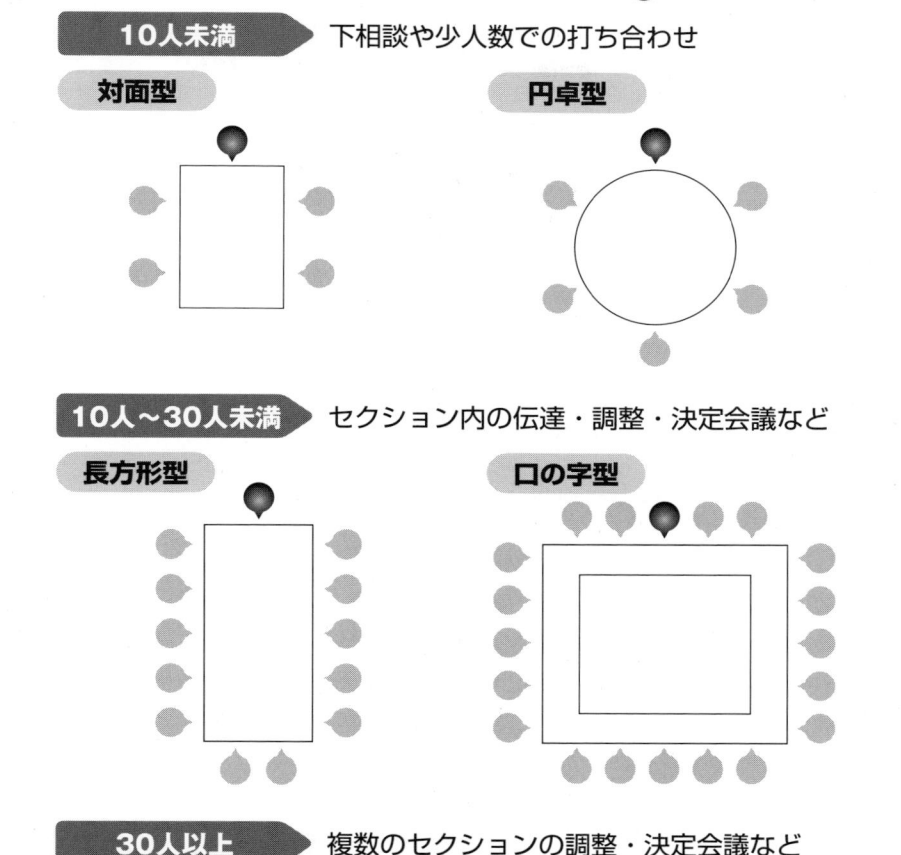

10人未満 下相談や少人数での打ち合わせ

対面型

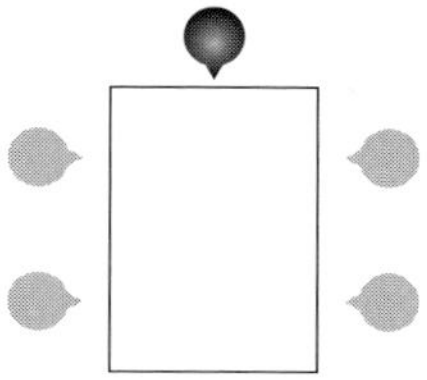

円卓型

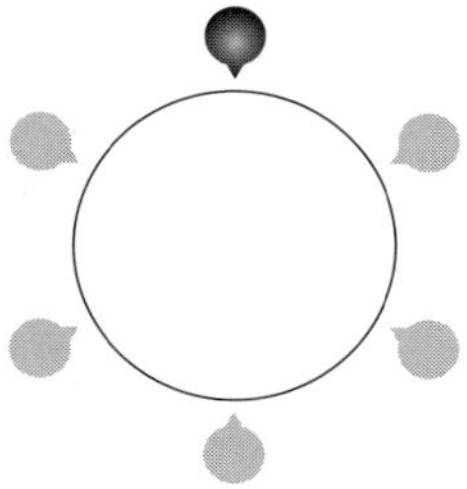

10人～30人未満 セクション内の伝達・調整・決定会議など

長方形型

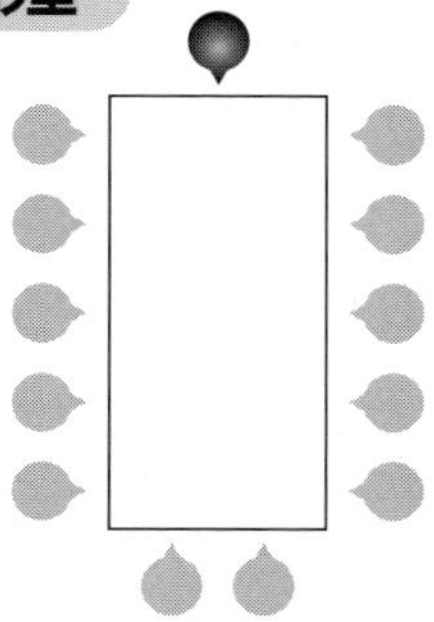

ロの字型

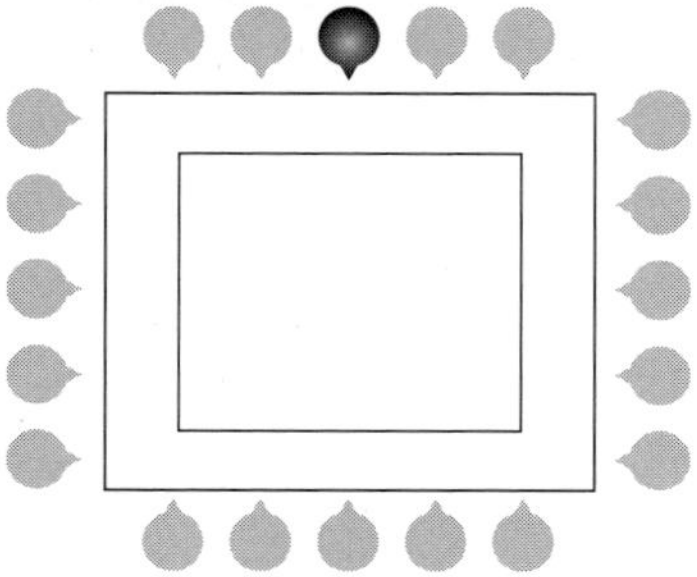

30人以上 複数のセクションの調整・決定会議など

教室型

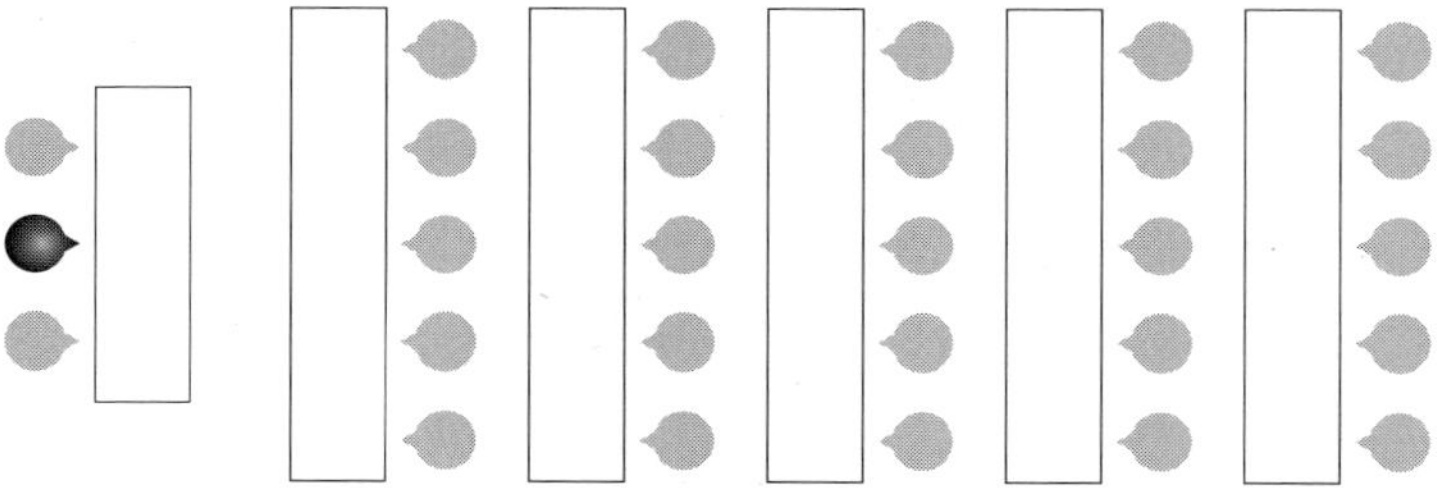

出典：『必ずうまくいく打ち合わせ＆ミーティングの技術』二木紘三（日本実業出版社）

STEP 4

4

備品調達において留意すべきことは何でしょうか?

答え

必需品は、大量に用意し、途中で足りなくならないようにしておこう。

会場が決まったら備品を調達する。

揃えるべき備品は会議内容によって異なるが、パソコン、OHP、ホワイトボードなど会議の進行上必要なものから、マーカー、ペン、模造紙、付箋、ポインターといった必需品まで多岐にわたる。特に付箋は大きめ、マジックは太めのものと、見えやすいものを使うのがポイント。

また、それらが途中で不足しないように大量に用意しておく。事前に必要な備品は、リスト化すると準備もれがない。なお、パソコンなどの機器は、事前に動作を確認しておくことも忘れずに。

基本 あると便利なAVツール

会議が情報の伝達のみに終わらない場合、様々なAV機器が必要になることもある。このような事態に備えて機器の調達を前もって行なっておく必要がある。

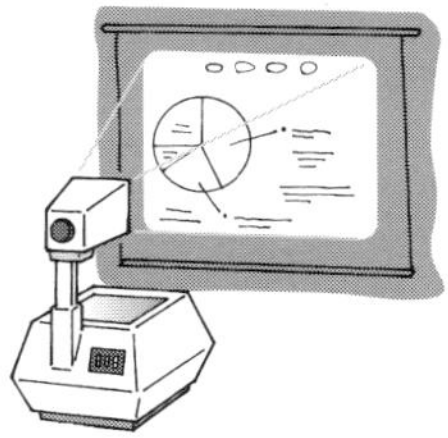

OHP

企画の発表などに頻繁に使われる。聴衆の方を向いて話ができる上、色が使えて便利なツール。OHPは、テクニックを用いて使用するとより説得力が高まり、聴衆も瞬時に理解できる。

パソコン

パワーポイントの操作など現代の会議には欠かせないツール。ビジュアル化が簡単できれい、写真も取り込める。

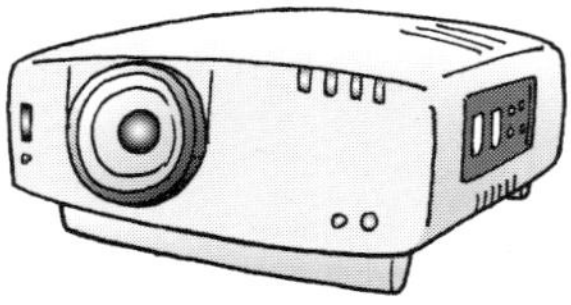

プロジェクター

VTRやパソコンの画面を拡大して上映する時に必要なツール。VTRは動画を資料として使うので視覚に加え、聴覚的にも聴衆の理解を助ける。

実践 もれをなくす備品調達表

●チェックリストを作る

必要な備品が揃っていないと、会議の中断を招いてしまう！

▼

調達すべきもののリストを作っておく

▼

備品の準備もれがなくなり、会議の中断も防げる

さて、まだ揃っていないものは……

会場にあるか確認する

- □チョーク
- □ホワイトボード
- □マーカー
- □マーカー消し
- □マグネット
- □模造紙
- □セロファンテープ
- □ポインターまたは指示棒
- □カセットテープ
- □テープレコーダー
- □マイク
- □スピーカー
- □マジック
- □画鋲
- □メモ用紙
- □ストップウォッチ
- □付箋
- □ノートパソコン
- □プロジェクター
- □スクリーン
- □ビデオデッキ
- □飲み物、軽食

議論のプロセスを記録し、ビジュアル化を図る（チョーク、ホワイトボード）

大量に大きめのものを用意する（チョーク、マーカー、マジック、付箋）

模造紙の裏にマグネットを貼っておき、交換をスムーズにする（模造紙）

事前に動作チェックを行なう（テープレコーダー、マイク、ノートパソコン、プロジェクター、スクリーン、ビデオデッキ）

事前に動作チェックを行なう（スピーカー）

何かを思いついたら書き込んで模造紙に貼っていく（付箋）

照明が当たらない位置に配置（スクリーン）

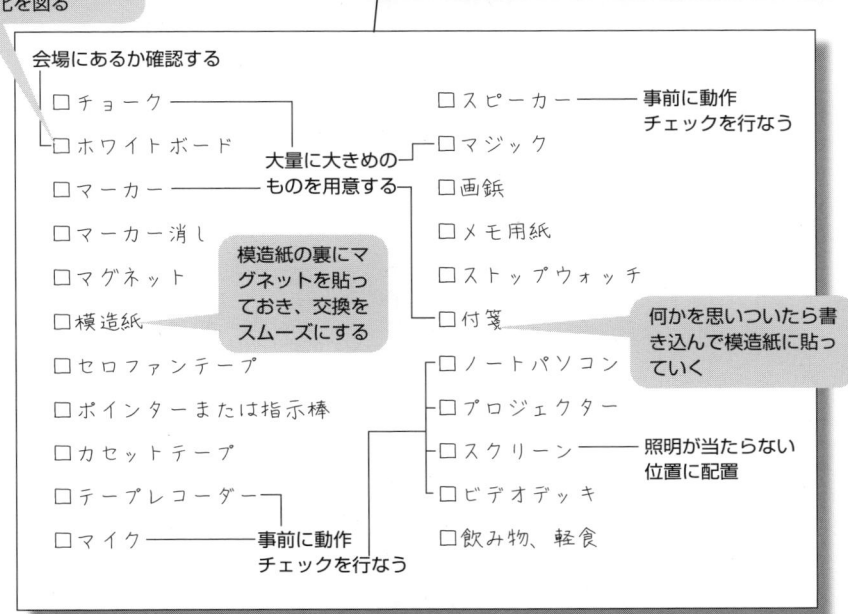

5 開催通知はどのように作るのですか？

答え

主催者、会議の目的、日時・場所、議題と目標の他、準備事項は必ず記そう。

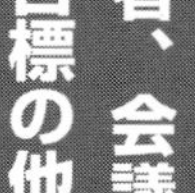

基本 アジェンダの配信まで

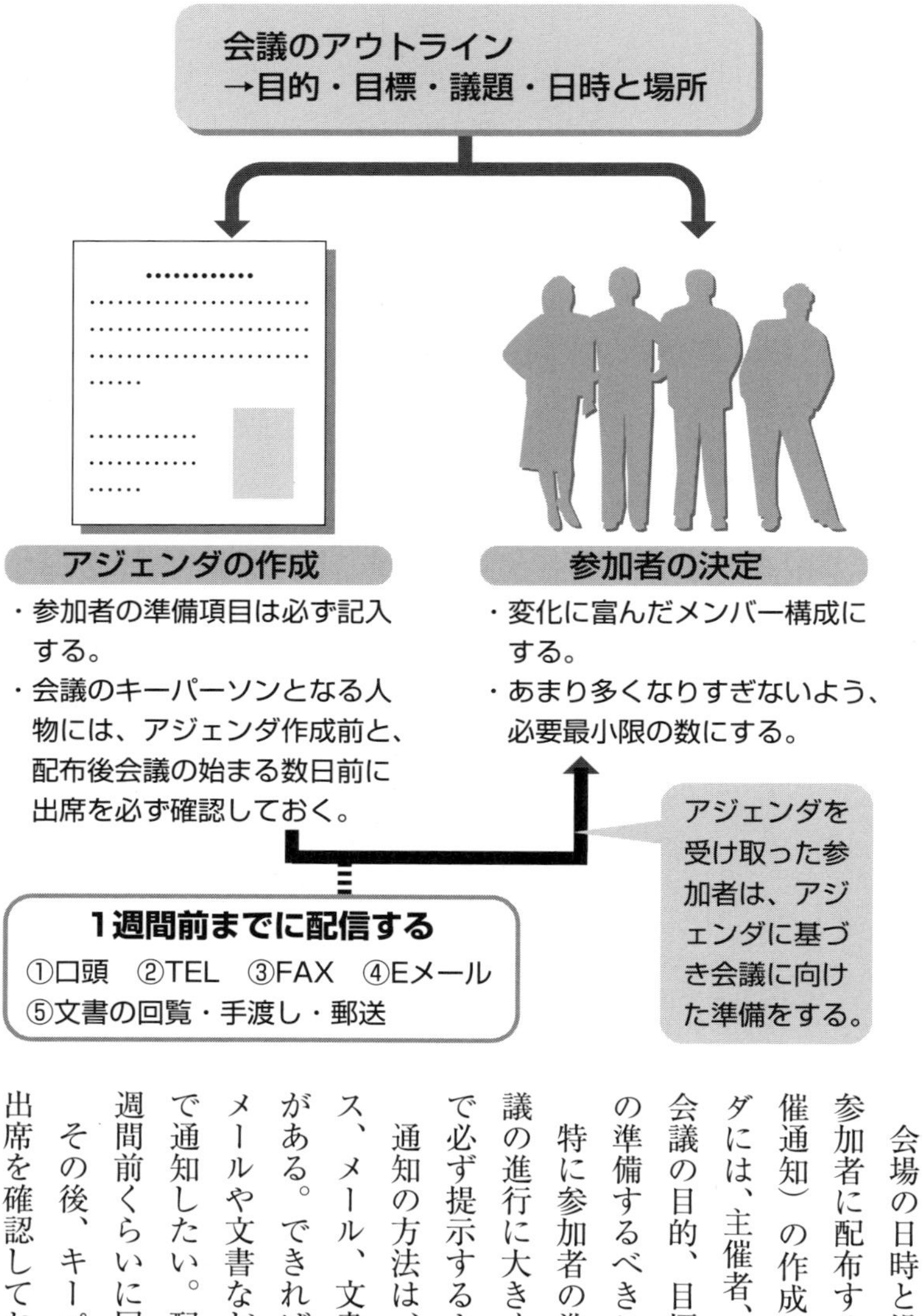
会議のアウトライン
→目的・目標・議題・日時と場所
アジェンダの作成
・参加者の準備項目は必ず記入する。
・会議のキーパーソンとなる人物には、アジェンダ作成前と、配布後会議の始まる数日前に出席を必ず確認しておく。
参加者の決定
・変化に富んだメンバー構成にする。
・あまり多くなりすぎないよう、必要最小限の数にする。
アジェンダを受け取った参加者は、アジェンダに基づき会議に向けた準備をする。
1週間前までに配信する
①口頭　②TEL　③FAX　④Eメール
⑤文書の回覧・手渡し・郵送

会場の日時と場所が決まったら、参加者に配布するアジェンダ（開催通知）の作成に入る。アジェンダには、主催者、日時、場所に加え、会議の目的、目標、議題、参加者の準備するべきことを記しておく。

特に参加者の準備の有無は、会議の進行に大きく影響を及ぼすので必ず提示するようにしたい。

通知の方法は、電話、ファックス、メール、文書回覧、郵送などがある。できれば、電話の場合もメールや文書など、後に残る文書で通知したい。配布する時期は一週間前くらいに届くのがよい。

その後、キーパーソンの人には出席を確認しておこう。

実践 アジェンダの一例

2007年 5月12日
松井一郎
（□□セクション総括責任者）

様

□□編成会議開催のお知らせ

下記の通り、□□編成会議を開催いたしますので、十分ご準備の上、ご出席ください。ご意見を期待いたしております。

記

会議名	□□編成会議
会議の目的	………………
会議の目標	………………
予定議題	① …………………………
	② …………………………
	③ …………………………
開催日時	2007年○月○日（○曜日） 午前11時～午後１時
開催場所	△△ビル８階会議室
司会・進行	………………
記録係	………………
参加者	………………
準備事項	・……………………………
	・……………………………
添付資料	・会議進行表
	・………………
	・………………

以上

- どんな内容の会議なのか、端的に伝える名称にする
- 期待される成果が明記されていれば、参加者も準備をしやすくなる
- 長くても2時間以内に収める
- 会議を構成するメンバーがわかれば、参加者もどんな会議になるか見当をつけやすくなる
- 参加者が持参すべきもの、会議までにしておくべきことは明記しておく
- プレゼンテーションが行なわれる場合などは、参考資料を添えるとよい

会議を左右する参加者の選び方

会議の参加者の構成は変化に富んでいるのが好ましく、定例会議であっても、時には顔ぶれを変えてみたい。有意義な会議にするためにメンバーの数は10名前後、15名までが最適と言われている。そのためには1セクション1名、上下関係の幅は狭くしたほうが好ましい。

人選は、議題の当事者やその分野の知識のある人、会議の結果が影響を及ぼす人、判断・決定が下せる人などを中心に絞り込んでいけばよい。

多くの候補者から絞るのは至難のワザ？

記録係はどのような人物が適任ですか？

基本 会議の参加者と運営者

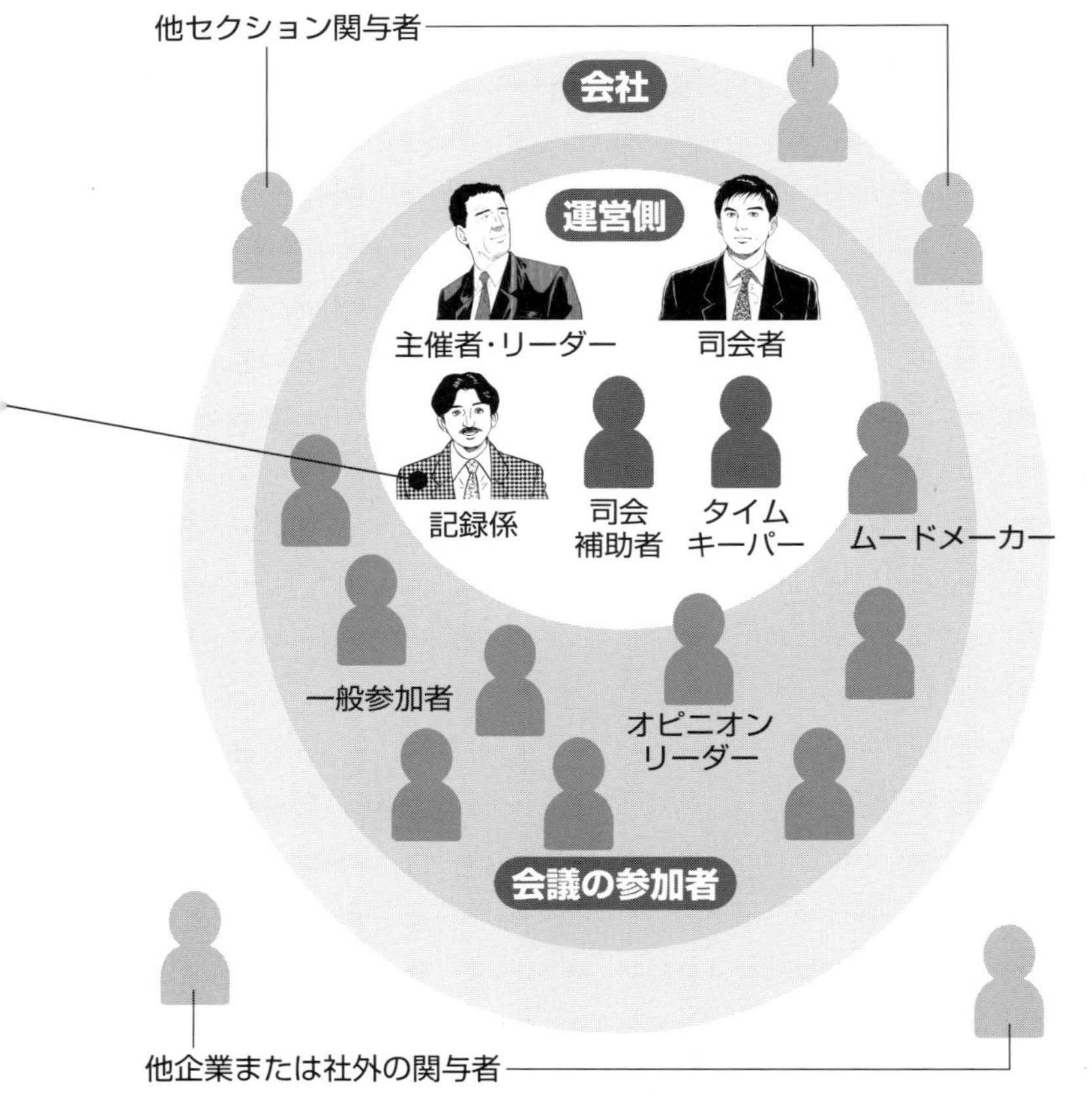
他セクション関与者
会社
運営側
主催者・リーダー
司会者
記録係
司会
補助者
タイム
キーパー
ムードメーカー
一般参加者
オピニオン
リーダー
会議の参加者
他企業または社外の関与者

答え

記録係には専門用語をある程度理解している字のきれいな者を選びたい。

会議の主催者側は、会議のリーダー、進行役、タイムキーパーのほか、記録係を決める。なかでも記録係は重要だ。その役割はふたつあって、ひとつは会議中、発言者とその発言を正確に記録し、会議の後に議事録を作ること。ふたつ目は会議中、内容を図式化してホワイトボードなどに板書していく役割である。そのため記録係は、専門用語をある程度理解していて、かつ誰でも読める字を速く書ける人がふさわしい。

また記録係は、わからない言葉を聞く以外は、発言に口を挟んではいけない。正確を期するためには会議は録音しておくとよい。

実践 記録係の仕事

ホワイトボードではなく、模造紙に書き、いっぱいになったら壁に貼って新しい模造紙をホワイトボードに貼る。

共有の会議メモの文字は、誰もが読めるような字で箇条書きにする。また、速さを優先し、誤字、脱字は気にしないで書く。

発言者を間違えずに、発言内容を正確に書き取る。場合によっては録音しておくようにする。

わからない言葉はその場で聞けばよいが、ある程度専門用語に関する知識は持っておく。

なお、議事録を作成するための記録と板書では記録の方法が少し違う。議事録用の記録の場合は、細かく正確に書き記すこと。少数意見であっても聞き逃さずに記録しておかなければならない。

板書の場合は、会議の経過が一目瞭然であるように書く。誤字、脱字を気にせず、重要事項だけを書き記していこう。多彩な色を使ったり、強調部分は丸で囲んだりと、見やすい工夫もしたい。

記録係に大切なのは会議を中断させないことだ。議論が活発化してくると、記録が間に合わなくなる。その場合は、他の人に手伝ってもらうとよい。また、板書する際も、模造紙の貼り換えで会議が中断されるようなことは避けたい。

STEP 4

7 ファシリテーション型会議とは何ですか?

答え

ファシリテーターが進行役を中立の立場で務める全員参加型の会議である。

ファシリテーション会議とは、これまでによく行なわれてきたようなリーダーが司会進行を務める会議とは異なり、中立のファシリテーターという存在が、司会進行を務める会議のことだ。

この会議が従来の会議と異なるのは、全員参加型だということ。リーダーが司会を務める会議では、下の者は意見を出しにくく、リーダーの意見に異論を唱えにくい。

一方、ファシリテーション型会議では、ファシリテーターが中立の立場で会議を仕切りながら、全員の意見が出るよう誘導する。参加者が決定に参加するので、実行段階でも意欲的になるのだ。

基本 リーダーが仕切る会議

その他の社員は10本ずつ持っていって日頃お世話になった人や取引先の担当者に配れ残った分を俺が持ち帰る
社用カレンダーは豪華なので喜ばれるはずだ

極めて異様な責任のとり方だがそれがサラリーマン榊原《さかきばら》部長としての哲学なんだろう

リーダーが会議進行を担う会議では、決定事項がリーダーの意思に基づくことが多い。参加者は強制された印象を受け、納得度も満足度も低くなることが多い。

実践 ファシリテーション型会議の特徴

ファシリテーション型会議

問題解決に適する

・コミュニケーション型
・全員参加
・合意形成
・自己啓発的
・自由な発想

ファシリテーション型会議では、全員が地位に関係なく意見を出し合ったのち、意見を絞り込み、最終的な結論に至る。

メリット

・全員の参画意識が高まる
・相互の自己啓発
・活発な意見交換

デメリット

・結論に時間がかかる
・経験のあるファシリテーターが少ない

リーダーが仕切る会議

連絡・指示に適する

・一方通行
・リーダー中心
・強制的
・義務的

リーダーが仕切る会議ではリーダーの意思によって進行され、リーダーの一方的な主張が続く。結果、参加者は考えを聞くだけに留まり、新しい意見が出ないまま、リーダーの意思で収束する。

メリット

・リーダーの満足度が高い
・定例化できる
・結論が早い

デメリット

・会議がマンネリ化する
・参加者の参画意識が薄い

ファシリテーターはどのような仕事をするのですか？

答え

全員の意見を引き出しながら、会議をマネジメントする。

基本　ファシリテーターの役割

- ○会議の進行
- ○時間のコントロール
- ○目標達成にいたる議論のコントロール
- ○全員の参加を誘導する
- ○中立の立場から参加者の意見を引き出す
- ○上下関係を参加者に意識させないようにする

ファシリテーション型の会議では、ファシリテーターが中立の立場で会議を進行し、会議をマネジメントする。

一方で参加者の意見を引き出し、話し合いを活発化させて、結論へと導いていくが、意思決定には携わらない。いわば場回し的存在なのである。

また、上下関係などを意識させない、自由にものが言える雰囲気を作るのもファシリテーターの役割だ。参加者個々が持つ能力を引き出し、多様な意見が出るよう会議をコントロールしていく。

もちろん全員参加型の会議だからといって、好き放題に意見を言

実践 ファシリテーターの仕事の流れ

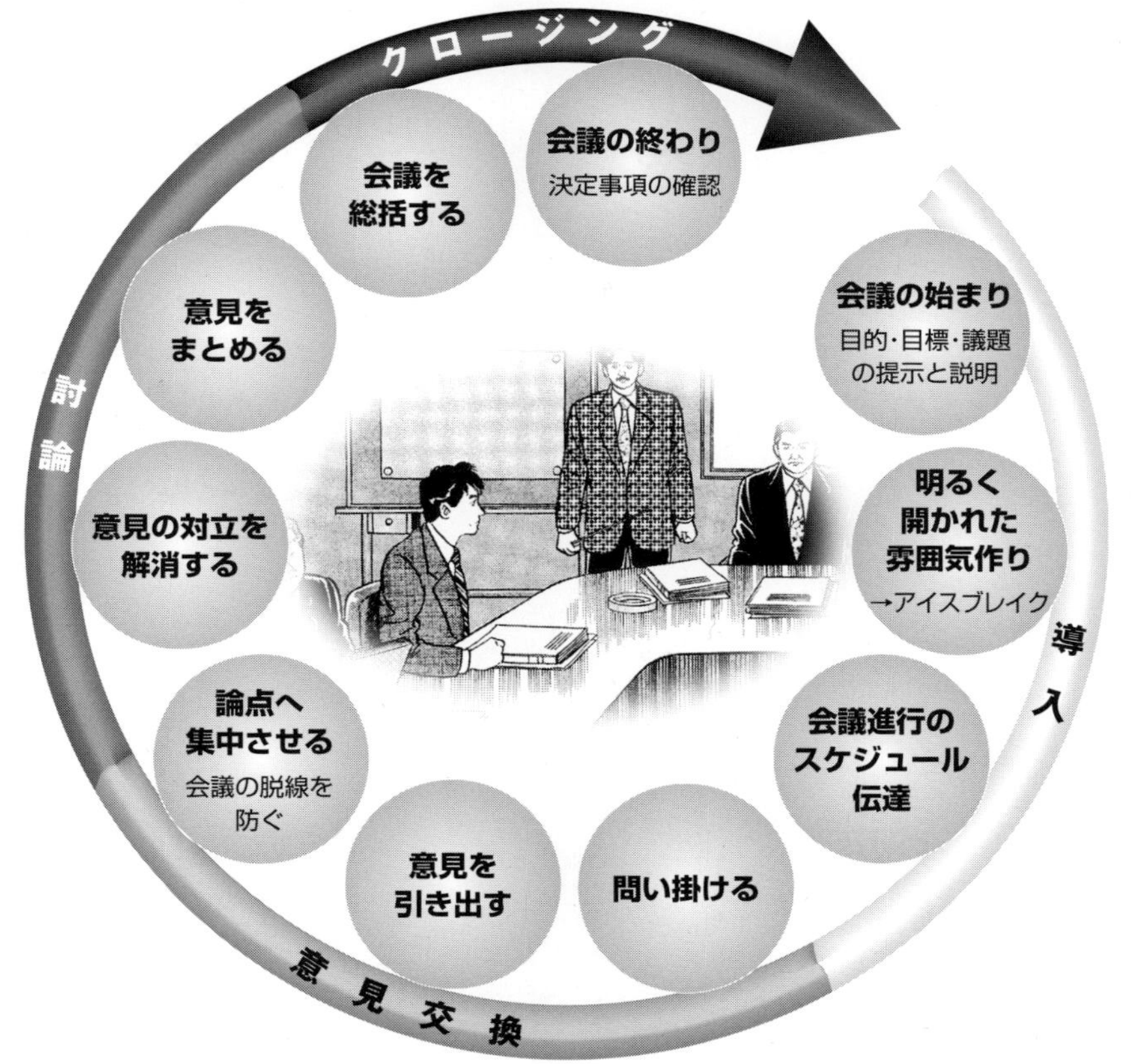
導入
会議の始まり
目的・目標・議題の提示と説明
明るく開かれた雰囲気作り
→アイスブレイク
会議進行のスケジュール伝達
意見交換
問い掛ける
意見を引き出す
論点へ集中させる
会議の脱線を防ぐ
討論
意見の対立を解消する
意見をまとめる
クロージング
会議を総括する
会議の終わり
決定事項の確認

わせておいてよいわけではない。会議は時間内に収めなければならないのだ。

そのためにファシリテーターはリーダーと会議のプロセスを事前に相談したうえで、議論を進めなければならない。

議論のプロセスとしては、参加者ができるだけ意見を発表したのち、討論を経て意見を集約。結論へとつなげていくのが基本だ。

この間、ファシリテーターは話が脱線するのを修整したり、議論が進まない場合には、「視点を変えましょう」などと提案したりして会議をコントロールする。

そして、参加者が納得できる結論を参加者自身に出させるのが、ファシリテーターの役割なのである。

ワークアウトの成功例

官僚体質がはびこる大企業では、意思決定までの速度が遅く、決定事項もなかなか実行に移せない。

そうした体質から脱却する手段として、アメリカのＧＥでは、「ワークアウト」を採用している。ワークアウトとはファシリテーション型会議で問題解決を進めることであり、問題解決の実行のスピード化を促すことで知られている。

その秘訣は、部署や組織の枠を越えて話し合い、最も効率的な仕事の進め方を見つけ出すこと。現場サイドが権限を委譲され、決定事項を実行していくことにある。間接的でなく、直接的な実行のため、二重の手間がかからず、取り掛かりも実行のスピードも速い。

そのワークアウト成功の鍵もファシリテーターにあるといわれる。

会議では、ファシリテーター、書記、タイムキーパー、発表者、チームメンバーの役割分担をはっきりさせるが、なかでもファシリテーターの手腕ひとつで会議の成否が左右されることも少なくない。

ファシリテーターは、メンバーに会議の目標と成果を周知徹底させたうえで、議論を活発化させ、建設的な意見が飛び交うように誘導していかなければならない。そして時間内に全員の合意を得られる成果を出していかなければならないのである。

会議の内容としては、現在の能力水準を上回る目標をもうけ、他部署との関わりを考えながら問題解決の手法を考えることが大切だ。ただあくまでファシリテーターは、全会一致ではなく、合意をとりつけることを目指せばよい。

また、ワークアウトでは実行において、責任者を決め、その人に全権移譲するのも特徴だ。そのため、決定事項の説明を受けた経営陣もそれを受け入れるかどうかの判断をすぐに下す必要がある。

STEP 5

会議の進め方

STEP 5

会議の進め方

会議をスムーズに進めるには どのようなテクニックを用いればよいのか？

いよいよこの
日が来た……
準備も万全だ
あとは
会議が
始まるのを
待つのみ

2007年10月1日
10時　本社会議室……

会議を円滑に進めるための進行役の役割

いよいよ会議が始まった。進行役を任されたあなたは、できるだけ多くの意見を集め、建設的な結論へと参加者を導いていかねばならない。しかし、参加者は百人百様で、全員があなたの思い通りに動いてくれるとは限らない。

STEP5では、意見の出させ方、参加者の扱い方など会議を円滑に進めるためのテクニックを学んでいく。

STEP5のポイント —会議の進め方—

1 会議の進行上注意すべきこと

Q1 進行役がまずすべきことは何ですか？ —— ☞ P.116

Q2 様々な種類の会議を有意義なものとするコツは何ですか？ —— ☞ P.118

Q3 進行を妨げる行為にはどう対処したらいいですか？ —— ☞ P.120

2 活発な意見交換を促すヒケツ

Q4 意見を量産するよい方法を教えて下さい。 —— ☞ P.122

Q5 意見が出なくなった時の対処法を教えて下さい。 —— ☞ P.124

Q6 黙っている人から意見を引き出すコツは何ですか？ —— ☞ P.126

Q7 反対意見を促す方法を教えて下さい。 —— ☞ P.128

Q8 少数意見はどう扱えばよいのでしょうか？ —— ☞ P.130

3 会議中に混乱した議論を整理する法

Q9 激論になった時はどう対処すればよいのですか？ —— ☞ P.132

Q10 ずれた議論の方向性を戻す方法はありますか？ —— ☞ P.134

Q11 会議を時間内に終わらせるコツを教えて下さい。 —— ☞ P.136

HATSUSHIBA
春節の特売でこの新型ＨＳＥ—501をプッシュしていきたいと思います
初芝本社の方針も満たし今、私の言ったことも満たす方法はないかと……

STEP 5

1 進行役がまずすべきことは何ですか?

答え

まずは参加者へ期待することを伝え、参加者のモチベーションを上げよう。

会議は必ず時間通りに始め、まずファシリテーターは会議の冒頭でアジェンダを確認する。

事前に配っているアジェンダはあくまで予定に過ぎない。この段階で会議の目的、議題、タイムスケジュール、発言のルールなどを最終決定するのである。

続いて参加者を紹介しながら、それぞれに「経理の観点から意見をお願いします」など何を期待するかを伝えていくと、参加者は自分の役割を再認識し、意見も出しやすくなる。

また、アイスブレイクをして、緊張をほぐすのもファシリテーターの大切な仕事のひとつである。

基本 進行役がまずすべきこと

自己紹介	運営側の自己紹介をするとともに、参加者の紹介を行なう。紹介は進行役が参加者一人一人を紹介する方法と参加者自身が自己紹介する方法がある。
アジェンダの確認	配布したアジェンダの概要を総覧しつつ、会議の目的、目標、議題を明らかにしておく。配布してあるアジェンダは最終決定のものではないので、変更点があればしっかり伝える。この時、議題だけはできるだけ具体的に説明する。
時間配分	だいたいのタイムスケジュールと、会議終了の時間を明確に伝え、参加者に時間管理への協力を促す。
参加者への期待	参加者に対し、積極的に意見を述べて欲しい旨など、参加者に対する期待を述べる。これにより参加者はどのような姿勢で臨めばよいのかを理解するため、進行役は必ず参加者への期待は示すようにする。
アイスブレイク	参加者がペアになって自己紹介をしたり、スピーチをしたり、また簡単なゲームをするなどして参加者間の緊張をほぐす。

実践 参加者にやる気を出させる期待の示し方

宣伝部の山田さんには今回の新商品にかける宣伝費と、宣伝方法の具体的な案をご提案いただけることを期待いたします。
生産部の山本君には技術的な面、これに伴うコスト的な面からの意見を期待いたします。
企画部の高木さんには、市場動向の見地からの意見と、次の新企画への展望を意見にしていただければと思います。
営業部の島田部長には、是非顧客の立場に立った意見を提案いただければと思います。

進行役は、参加者の知識・職能に応じた会議への貢献を求める。

会議のルール設定

前向きな会議を行なうためには、最初に会議でのルールを定めておくことが大切だ。

ルールでは発言の仕方や発言時間なども決める。発言内容についても「どうせダメだから」「いつもこれでやってきた」など否定的な言葉や現状維持の言葉も禁物である。

上下関係や部署の利益などの垣根を取り払い、反論も含めて自由な意見が言い合えるようなルール作りが必要となる。

否定的な発言は
厳禁といたします

会議の前に禁止事項はしっかり定めておこう。

2 様々な種類の会議を有意義なものとするコツは何ですか？

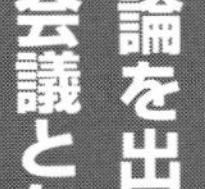

答え

必ず結論を出すことを心掛ければ、実りある会議となる。

基本 報告会議を面白くするキーポイント

【報告会議のプロセス】

会議が始まる前に報告内容を参加者に配布しておく
▶ 報告内容に基づいた再確認程度の説明と、質疑応答
▶ 課題を抽出し、議論を行なう
▶ 結論を出す
▶ 解決策を実行する

進捗報告会議のキーポイント

ホワイトボードにチャートを書くなどして参加者に全体像を把握させ、計画と現状のギャップを明確にする。

情報交換会議のキーポイント

事前に配布した資料に基づき、意見を考えてくるよう求めておく。

一概に会議といっても、報告会議、戦略会議など様々な形式がある。進行役はこうした会議の種類に応じたポイントを押さえ、参加者を決定に参画させよう。「報告会議」では、事前に報告内容を配布し、会議では課題を投げかけて意見を求めるようにする。報告会議のひとつ「進捗《しんちょく》会議」は全体像を捉えた上で、計画と現状のギャップを明らかにし、そこから問題点を導き出す。「情報交換会議」は他部署同士でも情報のギブ・アンド・テイクを心がけたい。

三種類の「戦略会議」のうち、「問題解決会議」は、問題の定義づけを行ない、計画と現実とのギ

実践 戦略会議と調整会議の賢い進行のしかた

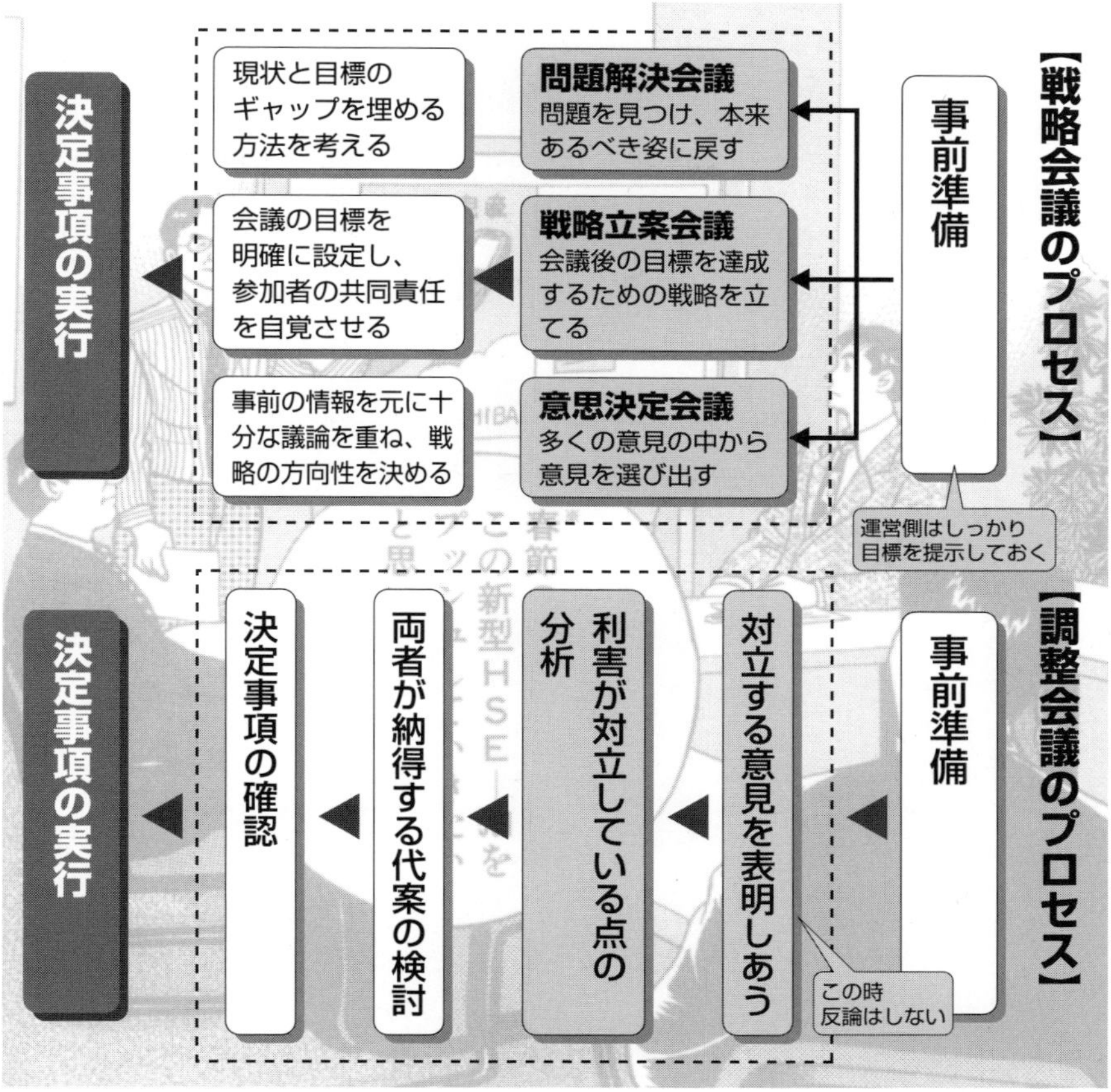
【戦略会議のプロセス】
事前準備
運営側はしっかり目標を提示しておく
問題解決会議
問題を見つけ、本来あるべき姿に戻す
現状と目標のギャップを埋める方法を考える
戦略立案会議
会議後の目標を達成するための戦略を立てる
会議の目標を明確に設定し、参加者の共同責任を自覚させる
意思決定会議
多くの意見の中から意見を選び出す
事前の情報を元に十分な議論を重ね、戦略の方向性を決める
決定事項の実行
【調整会議のプロセス】
事前準備
対立する意見を表明しあう
この時反論はしない
利害が対立している点の分析
両者が納得する代案の検討
決定事項の確認
決定事項の実行

ヤップを埋める解決策を決める。「戦略立案会議」は「何を決めるか」など会議の具体的な目標を設定して進める。「意思決定会議」は、事前に情報を提供して、多くの意見を出させ、参加者の選択肢の幅を広げる。そして優先度など、判断基準を定めて決定していく。「調整会議」の「利害関係調整会議」は、言い合いで終わってはいけない。まずは双方の要求を明らかにし、不一致な点を埋める代案を出させ第三の解決策を見出す。

その他「定例会議」は仕事の切れ目に予定し、目的、目標、議題をはっきりさせておく。「緊急会議」は会議の趣旨の説明を怠らないこと。「儀礼的会議」はどこまでも恭《うやうや》しさを忘れずにしたい。

3 進行を妨げる行為にはどう対処したらいいですか？

答え

積極的に会議に参加するよう仕向け、建設的な発言を促すこと。

会議が失敗する原因のひとつに、参加者の不適切な言動がある。遅刻・早退者はもちろん、他人の意見に割り込む者、他人の意見を批判ばかりする者などのことだ。また、私語や内職などを行ない、会議に参加しない人たちも不適切な参加者といえよう。

とはいえ、ファシリテーターは、こういう参加者もうまくコントロールして、議論を活発化させ、会議を成功に導かねばならない。

そのために、参加者の性格を考慮して、事前に対応策を考えておくこと。会議のスタート時に「批判的な意見は禁止」などルールを決めておくのもよい。

基本 厄介な参加者と対策

他人の意見に頭を振るなど、露骨に不満を表す
反対意見があるのか尋ね、考えを言わせる。
決定を覆してしまう上司
会議の結論に至ったプロセスを説明して理解させる。上司の意見が優れている場合は、他の参加者の納得を引き出す。
同じ話を蒸し返す
その意見が重要なポイントであることを伝えるとともに、すでにその議論が終わっていることを理解させる。
他人の意見をあからさまに攻撃する
落ち着くように促し、反対意見ではなく、自分の意見を言わせる。
他人の意見に口を挟む
人の発言が終わってから話し始めるよう促す。また、記録係を任せて人の話を聞く訓練をさせるのもよい。

私語が多い
休憩時間などに会議の進め方に問題がないか尋ね、以降も私語が続く場合は、席を移動させる。
常に批判的な意見を言う
ブレーンストーミングのルールをもう一度わからせる。
内職をする
積極的に意見を言うよう、話を振ったり、配置をグループ形式にする。
遅刻常習犯
到着を待たずに会議を始めてしまう。会議終了後、どうして遅れるのか尋ねる。

また、人の話に割り込んだり、発言時間を独占したりする人に対しては、話の切れ目にファシリテーターが他の人に意見を振るのも効果的である。

会議に集中していない参加者もみんなの意欲を低下させるだけ。ファシリテーターは、席替え、集中するまで沈黙するなどのほか、意見を尋ね、会議に加わらないと損をすることを気づかせて、当事者意識を強く持たせる。

なお、遅刻者や準備をしていない者などマナー違反者に対しては、入室不可や、準備不足では意味のない会議運営を行なうなど、ペナルティを与えること。それが会議全体のモチベーションを上げることにもなっていく。

意見を量産するよい方法を教えて下さい。

答え

議論を行なわず、ブレーンストーミングを用いる。

基本 ブレーンストーミングとは？

一定の時間内に参加者がたくさんの意見を出していく。

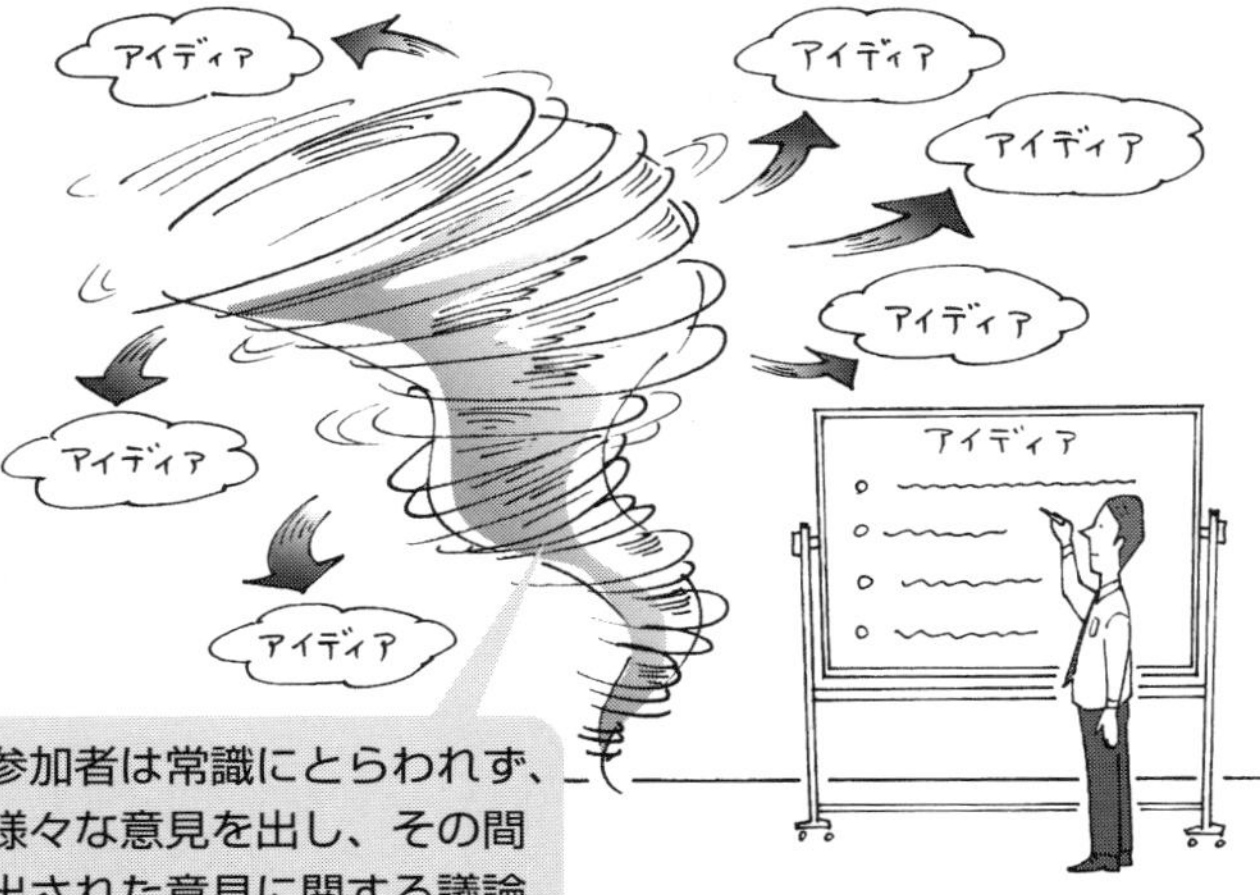

参加者は常識にとらわれず、様々な意見を出し、その間出された意見に関する議論は一切行なわない。

提案されたアイディアはホワイトボードに書き留めていく。

ルール

- 奇想天外なアイディアを奨励する
- 制限時間と目標を明確に設定する
- ほかの人の意見を批判したり、議論に入ったりしない
- 参加者は恥ずかしがらずに発言し、たくさんの意見を出す

ファシリテーション型の会議が始まったら、まずは意見をどんどん出してもらうことが重要だ。そのための効果的な方法が「ブレーンストーミング」である。

ブレーンストーミングとは、自由な発想で意見をたくさん出していくことを目的にした会議の手法である。そのルールは、制限時間か意見の目標個数を定め、その間、常識にとらわれず、意見をたくさん出していくこと。その際、批判や議論は一切禁止するというシンプルなものである。

ひとつのアイディアに別の人のアイディアが触発されてどんどん意見が生まれるようになればしめ

実践 ブレーンストーミング時の進行役の役割

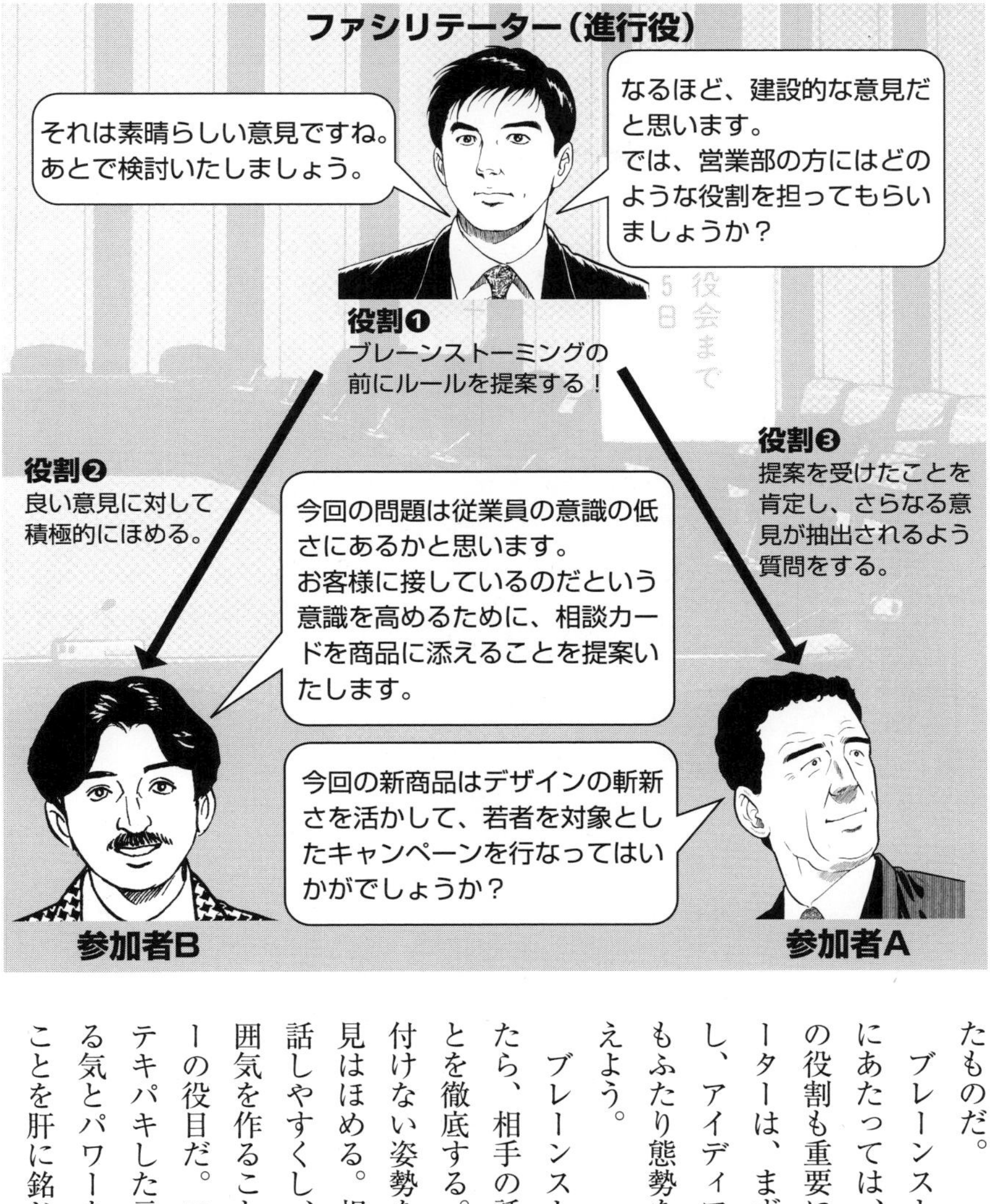
ファシリテーター（進行役）
それは素晴らしい意見ですね。あとで検討いたしましょう。
なるほど、建設的な意見だと思います。では、営業部の方にはどのような役割を担ってもらいましょうか？
役割❶
ブレーンストーミングの前にルールを提案する！
役割❷
良い意見に対して積極的にほめる。
役割❸
提案を受けたことを肯定し、さらなる意見が抽出されるよう質問をする。
今回の問題は従業員の意識の低さにあるかと思います。お客様に接しているのだという意識を高めるために、相談カードを商品に添えることを提案いたします。
今回の新商品はデザインの斬新さを活かして、若者を対象としたキャンペーンを行なってはいかがでしょうか？
参加者B
参加者A

たものだ。

ブレーンストーミングを行なうにあたっては、ファシリテーターの役割も重要になる。ファシリテーターは、まずはテーマを明確にし、アイディアを書き留める書記もふたり態勢を敷くなど準備を整えよう。

ブレーンストーミングが始まったら、相手の話を最後まで聞くことを徹底する。批判や議論は受け付けない姿勢を明確にし、良い意見はほめる。相手の気分を乗せて話しやすくし、意見が出やすい雰囲気を作ることもファシリテーターの役目だ。ファシリテーターのテキパキした言動も、参加者のやる気とパワーを引き出す源になることを肝に銘じておこう。

意見が出なくなった時の対処法を教えて下さい。

答え

休憩で気分を変え、グループ討論をさせると、意見抽出に効果的。

基本 意見が出なくなる原因

意見が出なくなる会議には参加者だけではなく、運営側にも原因がある。

運営側の原因

①進行役の力量と準備不足
②開催が急であった
③雰囲気作りに失敗した
④検討内容が抽象的にしか示されていない

参加者側の原因

①準備不足のために、会議の目的をつかんでいない
②他の参加者に遠慮している
③会議経験が浅い

意見が出ずに停滞したまま進む会議ほど実りのない会議はない。

その原因としては運営側、参加者側ともに準備不足である場合が多い。参加者は単なる準備不足、運営側の原因としては、議題が抽象的だったり、急な開催で準備が間に合わないケースなどがある。

しかし、準備万端であっても会議が停滞することもある。そんな時は休憩や席替えで気分を変えたり、グループ討論させると新たな意見が出やすい。ファシリテーターもキーパーソンに発言を促したり、誰かを指名したりするなどして意見を出させ、これについて議論を行なってみるとよい。

実践 意見が出ない時の対処法

休憩を取る

意見が出なくなったら、進行役がコーヒーブレイクやトイレ休憩を宣言し、参加者の気分転換を図る。参加者は思い思いのことをして心機一転、新たな意見を思いつく場合がある。

席替えをする

休憩を入れた後、席替えをすると気分が変わって新しい意見が出やすくなる。マンネリ化しつつある会議では、席を替えることによって新鮮な気持ちで臨むことができるようになる。

質問を投げかける

キーパーソンとなる人物に質問を投げかけて、意見を求める。その意見に基づいて他の参加者を指名して意見を述べてもらうことで、議論を活性化させる。

その他、グループに分かれて検討を促すという手も有効だ。時間を決めて意見を出させるとよい。

質問には2種類の方法がある

　ファシリテーターが質問を投げかけて次から次へと発言を促す方法と、問いを投げかけた後、沈黙を守る2種類だ。

　ファシリテーターは、会議の始まりはどんどんけしかけていき、視点を変える時には、沈黙を守るなど質問の種類をうまく使いこなしたい。なお、沈黙には慌てず、参加者にゆっくり考えさせればよい。ファシリテーターが沈黙に慌てて口を出すと、参加者はファシリテーターに頼ってしまい、意見を出さなくなってしまう。

ではしばらくお考え下さい

ファシリテーターの言葉はキーポイントとなる。

6 黙っている人から意見を引き出すコツは何ですか？

答え

専門分野の発言を求め、そこから意見を広げる質問をしてみよう。

会議に参加して熱心に聞いているものの、なかなか発言しない参加者がいるものだ。

こうした人には専門分野に関する質問をしてみよう。ひと言でも発したら、そこからさらに質問をして意見を求める。また、発言をほめて、モチベーションを上げていくのも有効だ。

ただし、若手社員は上司や先輩に遠慮してしまうので、最初に意見を言わせるほうがよい。

その一方で上司や先輩は、意識的に若手との壁を崩す努力をするべきだろう。それくらいでないと若手社員が自由に意見を述べることは難しい。

基本 発言しない人の理由とは？

黙っている原因とは……？

↓

- 口下手？
- 意見は持っているが積極的に発言しない性格？
- 若手社員で萎縮している？
- 準備不足？

実践 発言しない人へのアプローチ

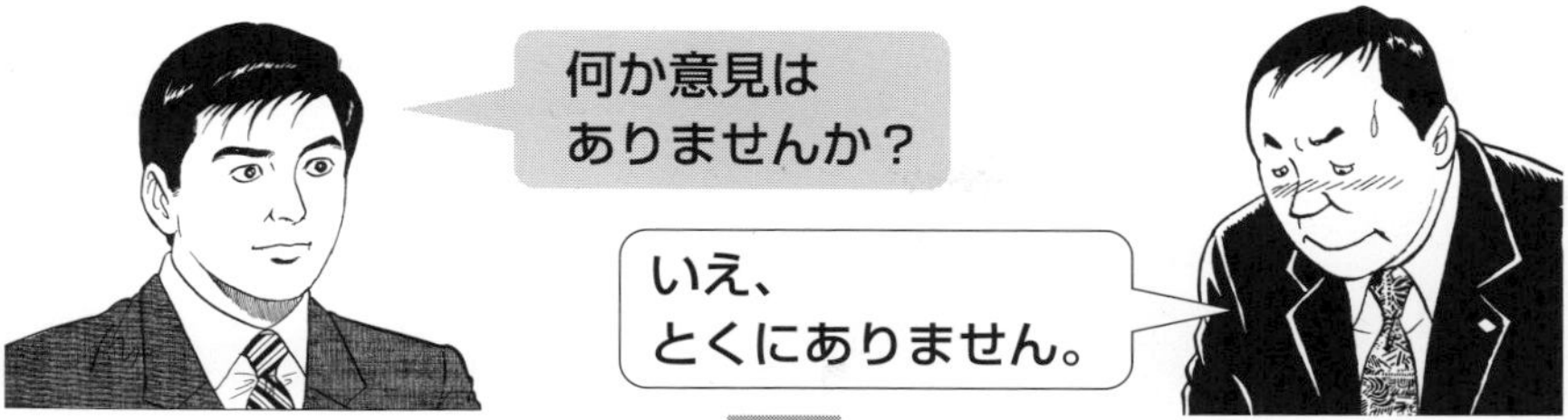
何か意見はありませんか？
いえ、とくにありません。

これでは発言を誘い出すことはできない。
相手の専門分野を知り、得意分野からの意見を尋ねよう。

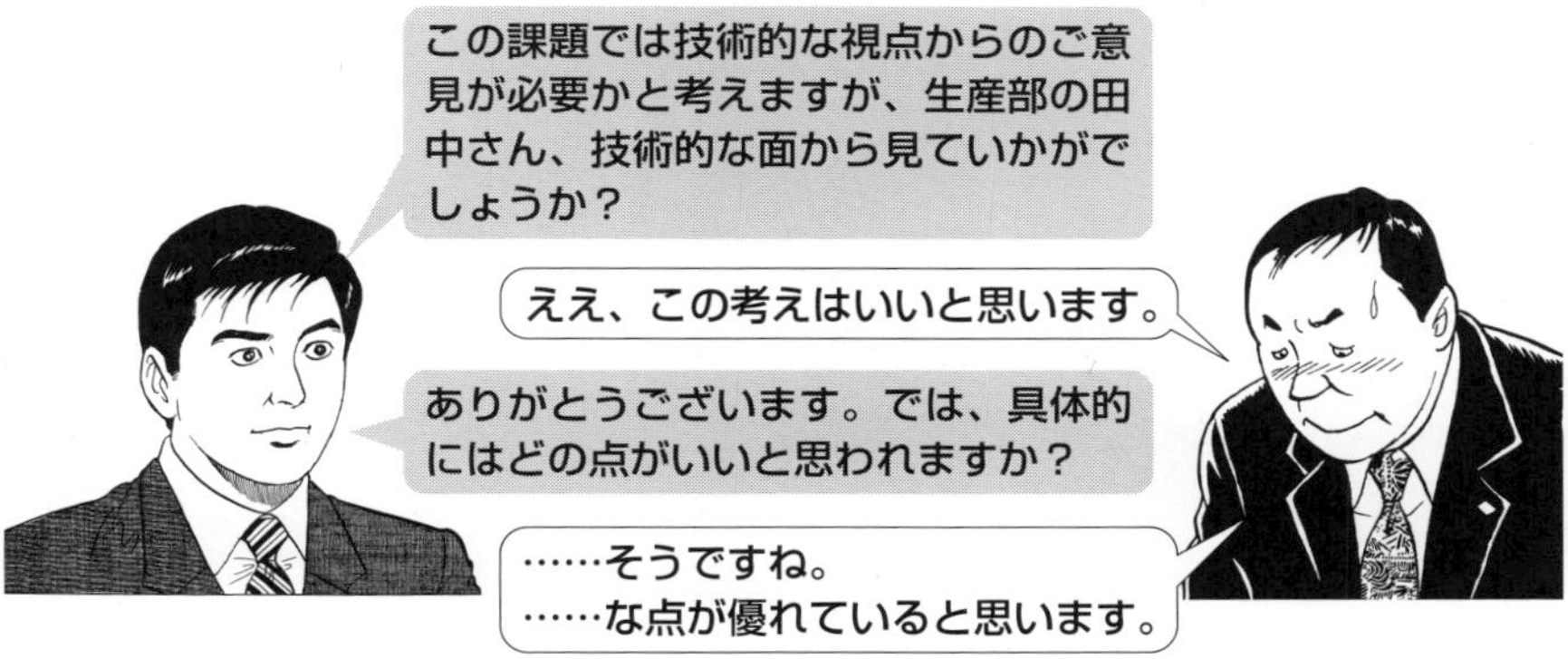
この課題では技術的な視点からのご意見が必要かと考えますが、生産部の田中さん、技術的な面から見ていかがでしょうか？
ええ、この考えはいいと思います。
ありがとうございます。では、具体的にはどの点がいいと思われますか？
……そうですね。……な点が優れていると思います。

喋りすぎる人への処方箋

会議中、ひとりで延々と喋り続ける人にも困ったものだ。

喋り続ける人の話を終えさせるには、話の切れ目で、「なるほど」などと、理解を示す、または「こういうことですね」とひと言で要約する、話題を転換させてしまうなどの方法がある。だが、そうした人を出さないためには、まず発言目的を明確にさせ、「結論、理由、例」の順序で発言させる。そして、発言時間制限の厳守といったルールを決めておくとよい。

くどくどくどくど
くどくどくどくどくどくどくどくどくど……

まとまらない話は会議の天敵だ。

STEP 5

7 反対意見を促す方法を教えて下さい。

基本 質問・反論のない会議と質問・反論が交わされる会議

質問・反論のない会議

参加者の当事者意識が低い会議では、質問も反論もないまま進行し、建設的な結論の出ない会議に終わる。

↓

時間の浪費となる会議

質問・反論が活発に交わされる会議

参加者の当事者意識が高く、たくさんの意見が出て、検討に検討を重ねられた建設的な結論が出る。

↓

有意義な会議

答え

自らが代案を出したり、反対と賛成のグループを作り、討論させるといい。

質問や反論の出ない会議は、議論も活発化せず、結論もありきたりで終わってしまう。会議から生まれるべき創造的な意見も、対立から生まれることが多い。

そこでファシリテーターはこれまでに出た報告や意見を再度伝えてから、改めて質問を促してみる。それでも質問が出ない時は、具体的な質問をするのも有効だ。

反対意見を求める際は、「反対の立場からの意見を求めたい」と促したり、ファシリテーター自らが代案を示していくと意見が出やすい。または賛成と反対のグループを作り、互いの立場から討論させるのも効果的である。

実践　質問・反論の促し方

[質問の促し方]

・△△さんのご意見は、まず……、第2に……というご意見でした。この内容についてご質問はございませんでしょうか？

・技術的な面からのご質問はございませんでしょうか？

↓

それでも質問が出なければ、切り上げればよい

[反論の促し方]

参加者を賛成、反対のふたつのグループに分け、それぞれの立場にたたせて議論を展開させる。

↓

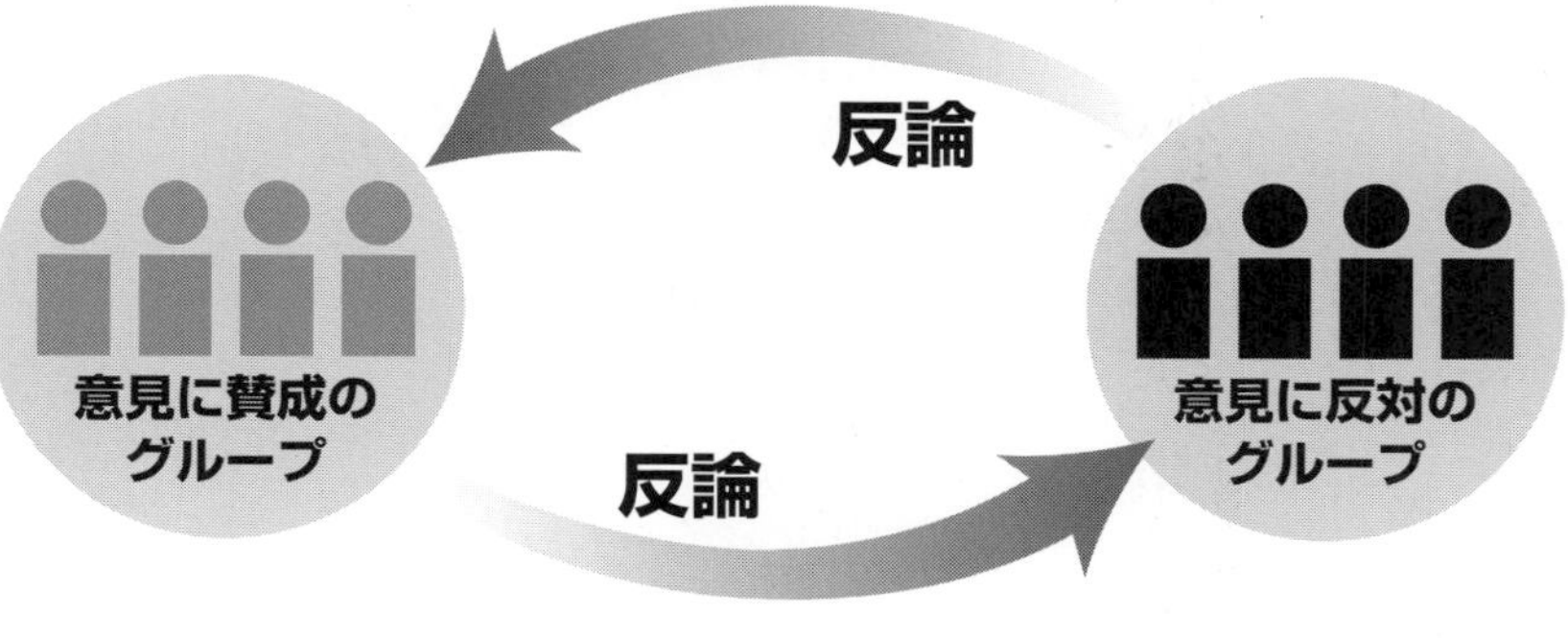

互いの立場で議論することで、たとえ自分の意見と違うグループであっても、同じグループの参加者の影響を受けて別の見方が可能となり、新しい意見が生まれる。

↓

新しい意見・案の提示

STEP 5

8 少数意見はどう扱えばよいのでしょうか？

答  え

多数決だけで結論を出すのはタブー。少数意見にもしっかり耳を傾ける。

企業の会議は、多数決だけで結論を出してはならない。少数意見を無視すると、実行段階になって足並みが乱れてしまうからだ。

ゆえに会議では、少数意見にも耳を傾けて全員が納得するようにしなければならない。

しかも、突《とっ》飛《ぴ》だと思われる少数意見には、独創的な発想のヒントが隠されていたり、思わぬ結論を導き出す可能性もある。採決を採る前に、少数意見を出した人に多数派を説得させてみるとよい。

これにより少数派は無視されていると感じることはなくなり、わだかまりを残したまま会議が終わることはない。

基本 少数意見を重視する会議

十分な検討を重ねないまま多数決を採ると……

少数意見は無視され、多数派の誰かに責任が押し付けられる可能性も出てくる

実践　少数意見の活かし方

企業の会議では様々なメンバーが集まって議論が行なわれ、それぞれ責任も権限も異なる。

⋮

多数決では結論を出さず、全会一致で結論を出す！

▼

少数意見も無視してはいけない

進行役

意見も出尽くしました。そろそろ採決を採りたいと思うのですが、その前に、佐藤さんのご提案に賛成の方々のご意見をうかがいたいと思います。

▼

少数派に意見を求める。

・突飛な意見
・博打的な意見

▼

隠れた創造性も潜んでいる？

最終決定の前に少数派の意見に耳を傾けてやり、多数派を説得させてみる。これで多数派が説得に応じなくても、少数派はまったく無視されたと感じることはないので、採決後の彼らの納得度はぐんと上がる。

少数意見には非凡なひらめきが含まれていることがある。勝負に出るべき時には役に立ってくれそうだ！

激論になった時はどう対処すればよいのですか？

答え

足して二で割った結論は出さずに、両者の溝を埋めた案を考える。

基本　対立が発生したら……

宮路 席をかわるより 表に出よう まだ懲りて いないらしいので 教えてやる
おう 望むところだ

新しい情報を与える

・最も新しいデータを提示する
・対立には参加していない第三者の意見を求める
・専門家の意見を提示する

進行役

発端となった意見の事実を確認する

・どのような根拠に基づいているのか？
・具体的なデータはあるのか？

どちらかの意見を入れる

採用された方は100％満足するが、負けた方は納得できず、のちのちまでしこりが残る。

両者の主張の溝を埋めていく

お互いが満足できる着地点を見つけるまで議論が交わされるので、両者ともに満足できる結果となり、以後の実行も円滑に進む。

会議において意見の対立は避けられない。大切なのは、ファシリテーターが中立的な立場を守って対処することだ。どちらかの主張を受け入れたり、足して二で割るような安易な結論は避けたい。

　意見の対立が起こったら、ファシリテーターは事実を確認する。その上で専門家や異なる立場の人の考え方を参考にしたり、第三者の案を提案してみるとよい。

　新しい案を考える時は、両者に共通する本来の目的を確認し、両者の主張の溝を埋めていく。その際、重視するのは予算か、効率か、といった基準を決めると、折り合える点を見つけやすい。

実践 対立意見の解消法

対立解消の命題

◎お互いの本意を探りながら、対立する両者がともに納得できる案を探る

・まずは互いに共通の目的を探し出す

For Example 1

・商品Aの在庫が余っているので、Aの営業を強化したい
・商品Bの発売なのでAではなく、Bの営業に力を入れたい
→ 共通の目的
利益を上げる

For Example 2

・商品Aの販売に力を入れたいので商品Aを5万台生産して欲しい
・商品Bの在庫が余っているので、商品Aの生産は3万台としたい
→ 共通の目的
在庫を処分しながら新商品をできるだけ売る

基準を設けて両者が実現可能な着地点を探る

判断材料
◆ライバル企業の類似商品の生産数
◆市場に出回っている類似商品の数と売り上げの動向
など

お互いに妥協点を見つけ、足して2で割ったような結論は、ともに主張が通らなかった末の結論であり、納得度が低いのだ。

感情的に対立する参加者への対処

　様々な立場の人間が参加する以上、会議に意見の対立は付き物である。ファシリテーターはこれが感情的な対立に発展しないよう、常に発言に注意を払い、感情的対立を呼びがちな発言を耳にしたら、軽く注意をしておく。

　それでも感情的対立に発展してしまったら、立場上からの発言であることを理解させよう。なおも解消しない場合は冷却期間を設ける。冷静な人に意見を求めたり、別の議論を先にして収拾する。

時には割って入る強引さも必要だ。

ずれた議論の方向性を戻す方法はありますか？

基本　会議が脱線する理由とは？

意見をまとめないまま時間が過ぎると……

えー、現在
うちが扱っております
※シャトー・パピヨン、
シャトー・モンク等の
昨年の売り上げ
グラフです
ちょっと待った
その数字少し古いぞ
そうですね　とはいっても
2年前のものですし
今年もあまり
変わっていません
そんなこと
どうだって
いいじゃない
ですか

※これらのワインの銘柄は架空のものです。

次第に感情が高ぶり、激論が始まってしまう

多数の意見が出ると、以前にどんな意見が出たのか忘れてしまう

本来の目標を忘れ、方向性がわからなくなってしまう

細部ばかりが気になって全体像を見失う

答え　会議を途中で整理、要約し、全体像を再確認させる。

議論が進むと、細部にこだわってしまい、会議の全体像を見失った議論が展開されることもある。そんな時ファシリテーターは、会議を途中で要約して、全体像を再確認させるとよい。議論を要約すれば、参加者は内容を再確認できる上、会議も心機一転するなど雰囲気の転換にもつながる。

そのほか要約のタイミングとしては、たくさん意見が出た後、議論が途切れた時、激論になった時などがよい。ただし、要約して整理した際には、それでよいのか参加者に確認してもらう。そうすることで、独りよがりの勝手な要約を避けることができる。

実践 会議の要約のしかた

会議を要約するタイミング

❶議論が途切れた時
❷立て続けに意見が出た時
❸対立する意見が激論に発展してしまった時
❹議論が長引いた時
❺休憩の後
❻議論の方向性が本来の目標からずれてきた時
❼意見が出尽くした時

意見をまとめるという行為は、紛糾し激論となった会議をクールダウンさせ、膠着《こうちゃく》状態に陥った議論を活性化させる働きもある。進行役となったら、必ず身につけたい技術である。

[議論の要約]
これまでに提案された意見をまとめますと、ひとつめに……、ふたつめに……、3つめに……と議論を展開してきました。
このような形でよろしいでしょうか？

・自分の考えと異なる意見も、公平な立場で整理する。

議論をまとめることで会議全体が再確認され、本来の目的からのズレが修正される

会議を時間内に終わらせるコツを教えて下さい。

答え

折に触れて時間を確認し、参加者に時間を意識させせながら進行しよう。

会議を時間通りに終了する時間管理のコツをいくつか紹介しよう。まずは会議を定刻に始めること。遅刻者がいても気遣いは無用だ。次に会議中、本題に関係のない話は遮ること。ひとりの発言時間を決めてしまうのもよい。議題も別の場での方がふさわしいものは打ち切って次へ移る。

参加者に時間を意識させることも大切だ。時々時間を知らせ、会議時間の四分の三を過ぎたところでその旨を伝えて、参加者にどうするか問う。時間をどう使うかを参加者が決めるので、たとえ延長となってもダラダラした会議にはならないだろう。

基本 会議を開くのに適した時間と場所

休日・早朝に開く

休日や早朝に会議を開くと、早く終わらせようとする参加者の心理が働き、緊張感ある会議となる。

昼休みや定時の前に開く

昼休みや定時の1時間前頃に会議を開くと、早く終わらせて休もう、もしくは帰ろうとする参加者の心理が働き、時間を短縮させようという雰囲気が生まれる。

椅子のない会議場

立ちっぱなしという状態で緊張感が持続し、効率が上がる。

レンタルスペースを借りる

会議スペースを借りることでコスト意識が参加者に芽生え、会議に緊張感が生まれる。また時間が制限されているので、ダラダラ延長することができない。

実践 時間管理のコツ

時間通りに始める

たとえ遅刻者がいたとしても定刻通りに始める。この時点でアジェンダを確認しつつ、終了時間について明言し、定刻通りに終えることを宣言する。

えー、時間になりました
まだ到着されていない方がいらっしゃいますが、会議を始めさせていただきます

本題からそれる話を遮る

吉野さん、それは本題とは関係がないと思われます

会議が始まると、本題から外れた発言をする参加者も現われてくる。こうした参加者の発言はすぐに制止して、話を本題に戻してもらう。一人一人の発言時間を設定しておくと有効である。

折に触れて時間を知らせる

議論が続く中でも折に触れて参加者に時間を知らせるようにする。また会議時間の4分の3が過ぎたあたりで残り時間を知らせるとともに、残りの時間で何ができるかを確認。残り時間の扱い方について参加者の意向を聞き、時間の使い方を決める。

残り20分となりました
残りの時間で結論を出せればと思いますが、いかがでしょう

会議が時間通りに終わる！

海を越えたファシリテーション型会議

いまや仕事もグローバル化した時代。会議を世界中の人々と行なう機会も少なくない。ＩＢＭではインターネットや電話を使って会議を行なうことが日常化している。

インターネットを用いたファシリテーション型会議では、ある研究テーマが決まると、全世界のＩＢＭ社員に向けて研究テーマに関する情報提供が求められる。まずは適任者を募集するというわけだ。

ただ、提示された研究テーマに興味のある社員もフラットに自由参加でき、上下関係を気にせず発言できるという。まさに全世界から意見を求め、情報を共有できるという、大きな可能性を示してくれるツールだともいえる。

また、日本ＩＢＭ内では電話会議、通称テレコンが日常化している。テレコンの利点は何といっても出張旅費の削減などのコストダウンと問題解決のスピードアップ。同社ではテレコン利用で、問題解決にかかる日数を三日間短縮できたという。

ただしテレコンが根付くまでには様々な試行錯誤もあったと、雑誌『プレジデント』で述べている。

そのひとつが、海外とのやり取りである。ＩＢＭでは外国人相手の会議も多く、いくら英語がペラペラでも、お互いが見えない電話では日本語以上に微妙な言い回しが伝わりにくい現実があった。

そこで作成されたのが状況に応じた微妙な言い回しや的確な表現などを記した「テレコン英会話小冊子」。海外との意思疎通が十分でないと感じた女性社員五人が、自主的に社内サークルを結成して、状況に応じた必要な英会話を自社サイトにアップしたところ大評判。たちまち社内に広がり、この小冊子が海外とのテレコンの苦手意識を払拭《ふっしょく》させ、同社のテレコンの発展に大きく貢献していったのだ。

STEP 6

会議のまとめ方

STEP 6
会議のまとめ方

実りある会議として終わるためにはどうすればよいのか？

もう
意見も出尽くしたな
話し合いの方向性も
だいたい定まっている
そろそろ
結論を出す動きに
入るべきかもしれない
どうしよう……

会議が成功に終わるか否かを決める重要なタイミング

会議が進み、多くの参加者が活発に出していた意見も、やがていくつかのグループに集約されてくる。ここで進行役はいつ結論を出すのか、という判断を迫られる。

だが、結論を出すタイミングを一歩間違えば、せっかくまとまりつつあった会議を壊すことにもつながる。STEP6ではこうした会議の結論の出し方と会議の終わり方、そして、会議後のアフターフォローについて解説する。

STEP6のポイント ―会議の終わり方―

1 意思決定と結論の出し方

Q1 議論の堂々巡りはどう脱け出せばよいのですか？ ☞P.142

Q2 結論はどの段階で出せばよいのですか？ ☞P.144

Q3 会議リーダーの役割とは何ですか？ ☞P.146

2 次回につながる会議の終わらせ方

Q4 会議を終える前に必ずすべきことはありますか？ ☞P.148

Q5 会議後、どの点を評価すればよいのですか？ ☞P.150

3 決定事項を確実に実行させる方法

Q6 会議報告書の作り方を教えて下さい。 ☞P.152

Q7 見やすい報告書を作るヒントを教えて下さい。 ☞P.154

Q8 決定事項を確実に実行させる方法はありますか？ ☞P.156

STEP 6

1 議論の堂々巡りはどう脱け出せばよいのですか?

基本 議論が堂々巡りを始めた時の対処法

会議の結論がなかなか出ない

会議が進み、意見もまとまってきたが、いくつかの案の間で結論が出ず、堂々巡りになってしまった!

進行役は結論の判断基準を提示する

議論が重ねられ、意見がいくつかに集約されたものの、どの意見を採用するかを巡って議論が堂々巡りを始めてしまう時もある。

そんな場合は、会議の目標に合った結論を出すための判断基準を示すとよい。議論を整理して類似している意見をグループ化。大きくまとめて整理する。そこから会議の目標と照らし合わせて判断基準を浮かび上がらせればよい。

それでも意見がまとまらない場合は、年長者を呼んで、決定を委《ゆだ》ねたり、この案件の責任者となる人はいないか問いかけてみる。それでも結論に至らなかったら、日を改めるのがよい。

答  え

意見をグループ化して整理し、会議目標に合った判断基準を示す。

実践 判断基準の示し方

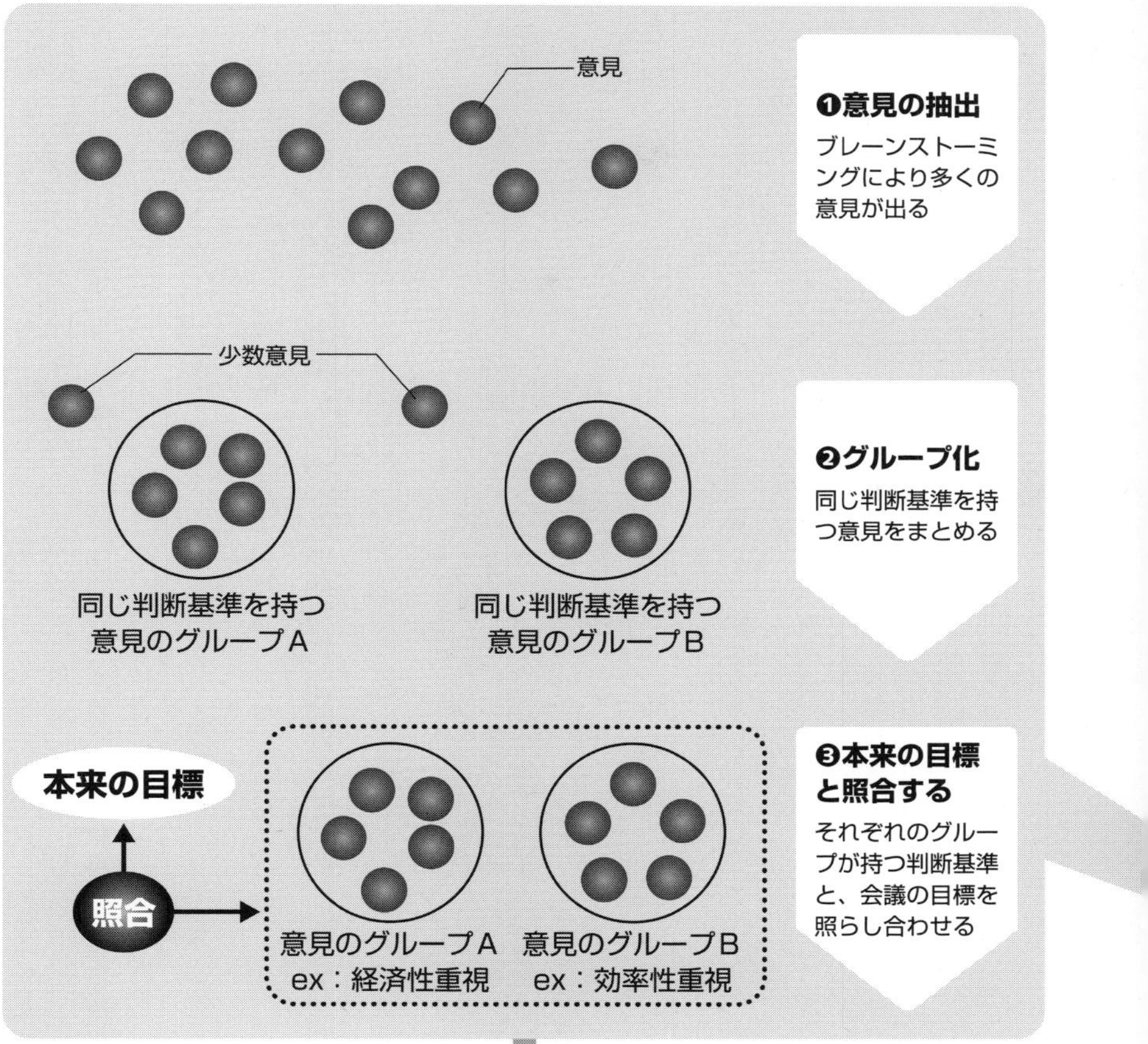
意見
❶意見の抽出
ブレーンストーミングにより多くの意見が出る
少数意見
同じ判断基準を持つ意見のグループA
同じ判断基準を持つ意見のグループB
❷グループ化
同じ判断基準を持つ意見をまとめる
本来の目標
照合
意見のグループA
ex：経済性重視
意見のグループB
ex：効率性重視
❸本来の目標と照合する
それぞれのグループが持つ判断基準と、会議の目標を照らし合わせる

それでも結論が出なければ……

会議参加者の中の年長者に委ねる

参加者が同年代の同輩ばかりの時は、参加者以外のキャリアが長い人、役職にある人に加わってもらう

それでも結論が出なければ、機会を改めて話し合う

STEP 6

2

結論はどの段階で出せばよいのですか？

答え

話の方向性が定まり、結論が見えてきたところで提案する。

基本 結論を出すタイミング

BAD CASE

意見は出尽くし、話の方向性が定まってきたが、もう少し意見を交換してみたい。

▼

参加者の気が抜けて会議全体の士気が下がってしまう。

BAD CASE

意見はまだ出尽くしてはいないが、だいたい方向性が絞れてきたので結論を急ぎたい。

▼

異論が噴出し、まとまりかけていた会議が紛糾してしまう。

⇕

GOOD CASE

意見が出尽くし、
会議の方向性が定まってきたら、すかさず……

意見も出尽くしたようですので、そろそろ結論を出す方向で進めたいと思います

結論を出すことを提案する！

会議で結論を出すタイミングは意見が出尽くし、参加者の考えが固まりつつある時が最適だ。早すぎると異論が出て議論が紛糾するし、遅すぎるとダラダラして士気の低下につながる。このタイミングは見逃さないようにしたい。

結論は3W2H「いつ、なぜ、どこで、どれくらい、どのように」をはっきりさせて簡潔にまとめる。

また、結論は必ずしも全会一致を目指す必要はない。合意を得るように誘導していけばよい。合意を得るには、複数残った案のうち、最も多くの人が支持する案を呑めない人はいないか尋ね、もしいたら調整を重ねていくのがコツである。

実践 全会一致を目指すか否か

全会一致を目指す

会議の原則とされる全会一致の結論を目指して、win-winの道を模索しつづける。

会議は長引き、結論が出ないまま時間だけが過ぎていく。

全会一致は目指さない

必ずしも全会一致にはこだわらず、全員が納得し合意した結論でまとめる。

しっかりとした決定事項が決まり、早い時間で有意義な会議に終わる。

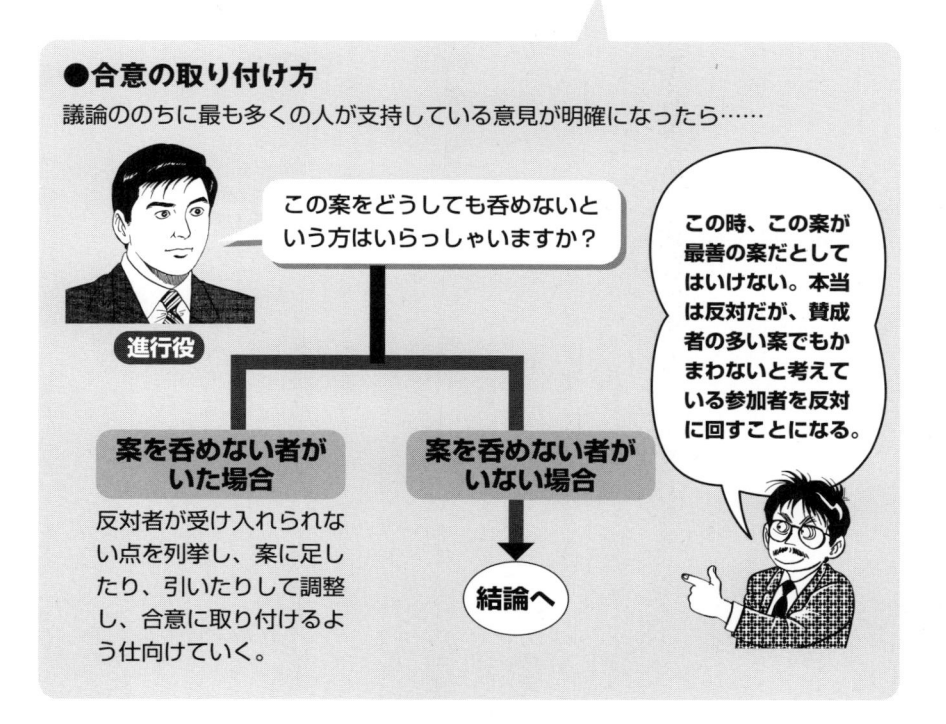

●合意の取り付け方

議論ののちに最も多くの人が支持している意見が明確になったら……

進行役

この案をどうしても呑めないという方はいらっしゃいますか？

案を呑めない者がいた場合

反対者が受け入れられない点を列挙し、案に足したり、引いたりして調整し、合意に取り付けるよう仕向けていく。

案を呑めない者がいない場合

→ 結論へ

この時、この案が最善の案だとしてはいけない。本当は反対だが、賛成者の多い案でもかまわないと考えている参加者を反対に回すことになる。

STEP 6

3 会議リーダーの役割とは何ですか？

答  え

会議は参加者に任せ、意思決定と決定事項の実行にのみ責任を持つ。

会議リーダーは、参加者の力を結集してよりよい結論を生み出すように導かなければならない。

会議リーダーは、会議中、議論に参加せず、参加者の発言にうなずいたり、会議が停滞した時に意見を促したりと、あくまで参加者が話しやすい雰囲気作りに徹する。

結論を決める時には、自分の意見を押し付けることがないようにし、あくまで参加者全員が合意の上で結論に至るように導く。

その上で、リーダーは決まった結論を承認し、その実行には責任を持つ。さらに実行計画を管理し、実行を促していくのもリーダーの仕事である。

基本 意思決定に関わるリーダー

専制的 ⟷ 民主的

独断	参加者の意見を無視して会議リーダーがひとりで意思決定する
説得	会議リーダーが自分の意思に従うよう、参加者に働きかける
調停	意見の食い違いを会議リーダーが調停して妥協させる
多数決	多数派の意見をもって結論とする
コンセンサス	全員が支持できるひとつの案を全員で話し合って生み出す
完全合意	全員の考えが100％一致するまで議論する

会議リーダーの決定権（独断・説得・調停）

承認

会議の意思決定権を持つリーダーは、会議で決定された結論を承認する。ただ、急を要する時や会議参加者の知識が不足している時には、会議の決定に反して独断を迫られる場合もある。

会議の決定事項が会議リーダーの承認によって意思決定される

実践 会議におけるリーダーの役割

POINT 1 参加者が話しやすい雰囲気を作る

- 参加者の発言に対しうなずいたり、あいづちを打つなどして反応し、意見を言いやすい雰囲気を作る。
- 会議リーダーは基本的に意見は述べず、聞き役に徹する。
- 会議が沈滞した場合、盛り上げ役を担う。

POINT 2 よりよい結論へと導く

- なかなか結論が出なくても、すぐにリーダーが結論を出さないようにする。
- 沈滞した場合、部下へ問いかけを行なう。
- 自分の意見を参加者に押し付けない。

POINT 3 会議後の実行計画について責任を持つ

- 会議終了後、上司に対して結論と会議の流れを伝える。
- 上司に反対されても、意見をそのまま参加者に持っていくのではなく、冷静に説得を行なう。
- 会議における決定事項の進行状況を把握し、参加者に指示を与える。

会議を終える前に必ずすべきことはありますか？

答え

会議を要約して決定事項と会議後の実行計画を確認する。

会議を終える前には、進行役やファシリテーターは会議を要約して、決定事項を確認することが大切だ。結論と実行の再確認は、参加者の達成感を満足させることにもつながる。

　また、会議の決定に基づいて誰が何をするのか個人名もあげて確認することで、参加者の誤解をなくし、決定事項をスムーズに実行に移すことができるのだ。

　そのためにも、会議の確認は口頭だけでなく、ホワイトボードなどに簡潔に書き出して、視覚的にも確認しておきたい。もし、結論に至らなかった場合は、次回どうすべきかを確認して終える。

基本　終了前に会議全体を要約する

結論が出て、リーダーの承認を得る

●進行役はここで会議の要約を行なう

本日の会議では、まずひとつ目に、問題の現状を把握するべく……という議題について、ふたつ目に問題の原因を究明すべく……という議題について、3つ目に問題解決策を検討すべく……という議題について議論いたしました。

参加者は議論を振り返り、
達成感と満足感を得ることができる

↓

進行役・運営側の評価を高める

実践 忘れてはいけない会議の確認

会議の要約を終え、参加者が結論に至った会議のプロセスを思い出したら、会議の決定事項を確認する。

決定事項をホワイトボードに書きながら確認し、誰が、いつまでに、何をやるのかを明確にする。
個人名までしっかり書くとよい。

実施項目 担当者 スケジュール 備考
当社新製品売上のデータベース化 山田山男 5/22～6/30 宣伝課佐々木氏と連携
A社への売り込み 営業部
では、春節※の特売で新型HSE―501をプッシュしていきたいと思います
ここで確認を怠ると、合意項目に対する解釈の違いが生まれ、決定事項の実行に支障が出ることがある。

決定事項は、ひとつひとつ丁寧に確認していく。

※春節……中国における旧正月のこと。

次回につなげる会議の終わり方

会議の終了時に、次回の会議の日程を決めておくと便利である。再び日程調整をする手間が省けるし、あらかじめ会議の目的を示しておくことで、参加者の意欲を高めることもできる。

その際、次回の会議での役割分担も決めておく。次回の進行役と記録係に加え、会議で決めたことが予定通りできているか確認するフォローアップ担当も決めておきたい。これらのメンバーが次回の中心メンバーになる。

次回の進行役は福浦君記録係は初芝君タイムキーパーは小林君にお願いしようと思う

先を考えた行動で手間を省く。

会議後、どの点を評価すればよいのですか?

答え

参加者は結論に対する貢献度を、運営側は進行の仕方を振り返ろう。

会議が終わったら、後片付けを行なう。会議の後片付けはマナー。使ったものは元に戻し、忘れ物やゴミがないかを確認して終える。また、会議の終わりや会議後には評価を行なう。進行役・ファシリテーターとしては、進行の仕方と、良い結論に導けたかどうかが評価のポイントとなるだろう。

参加者に良かった点と改善点を聞いたり、アンケートを採ってみるとよい。問題があれば原因と対応策を考える。

一方、参加者は、結論にどの程度貢献できたかを反省する。それを次回の会議に活かし、決定事項の実行への意識を高めよう。

基本 会議の評価をしてもらうポイント

- 会議終了の5分前をレビュー（会議を振り返る）の時間に充てる。
- 会議終了後の5～10分の間に参加者の評価を聞く。
- 会議の後でアンケートをとる。
- 会議を録画、録音しておき、終了後に確認する。

会議の評価から、
次回へ向けた
目標と反省をする

たとえ評価が悪くても、反省は必ず次につながる。

実践 参加者側のチェックリスト

□事前に配布された資料をしっかりチェックしたか
□遅刻せずに会場に到着したか
□会議の最中、私語はせずに集中できたか
□発言をしたか
□簡潔で筋の通った発言ができたか
□指定された発言時間を守ることができたか
□反論に対して冷静に対処できたか
□自分の所属する部署の利益にこだわらず、会社全体の利益を考えたか
□結論に対し貢献できたか

実践 運営側のチェックリスト

□必要な会議だったか
□議題は重要性が高く、緊急のものだけ3点以内に絞ることができたか
□配布資料の内容は適切だったか
□会議資料の配布のタイミングはふさわしかったか
□会議の目的・目標・議題を参加者は理解していたか
□会議の場所、環境は適切だったか
□運営側の準備は十分に行なわれていたか
□参加者の人選は適切だったか
□参加者は会議に集中していたか
□議論は活発に行なわれたか
□激論になった場合の対応は適切だったか
□議論が沈滞した場合の対応は適切だったか
□参加者全員を納得させることができたか
□会議の目標通り、有効な結論を導き出せたか
□時間どおりに始め、時間どおりに終わらせることができたか
□会議報告書は正確に作成され、会議後１週間以内に配布されたか
□決定事項の実施を定めた実施計画書は作成したか
□決定事項はしっかり実施されているか

STEP 6

6 会議報告書の作り方を教えて下さい。

答え

会議の形式、内容を書き込めるひな型を作成し、報告書を作る。

会議報告書は会議の終了後、すぐに作り始める。会議報告書は、会議の結論や実行計画を再確認し、以降の実行計画を円滑に進めるためにも必要なものだ。

また会議の評価や記録保存という観点からも重要である。そのためにも正確で、簡潔にまとめたシンプルな報告書が望ましい。

報告書は一定の書式を使ってまとめ、パソコンのテンプレートなどでひな型を作っておくと便利である。内容は会議の形式面、意見や決定事項などを記した内容面、作成についての確認という三つの部分で構成される。これらが一目瞭然であるのがよい報告書といえる。

基本 会議報告書の効果

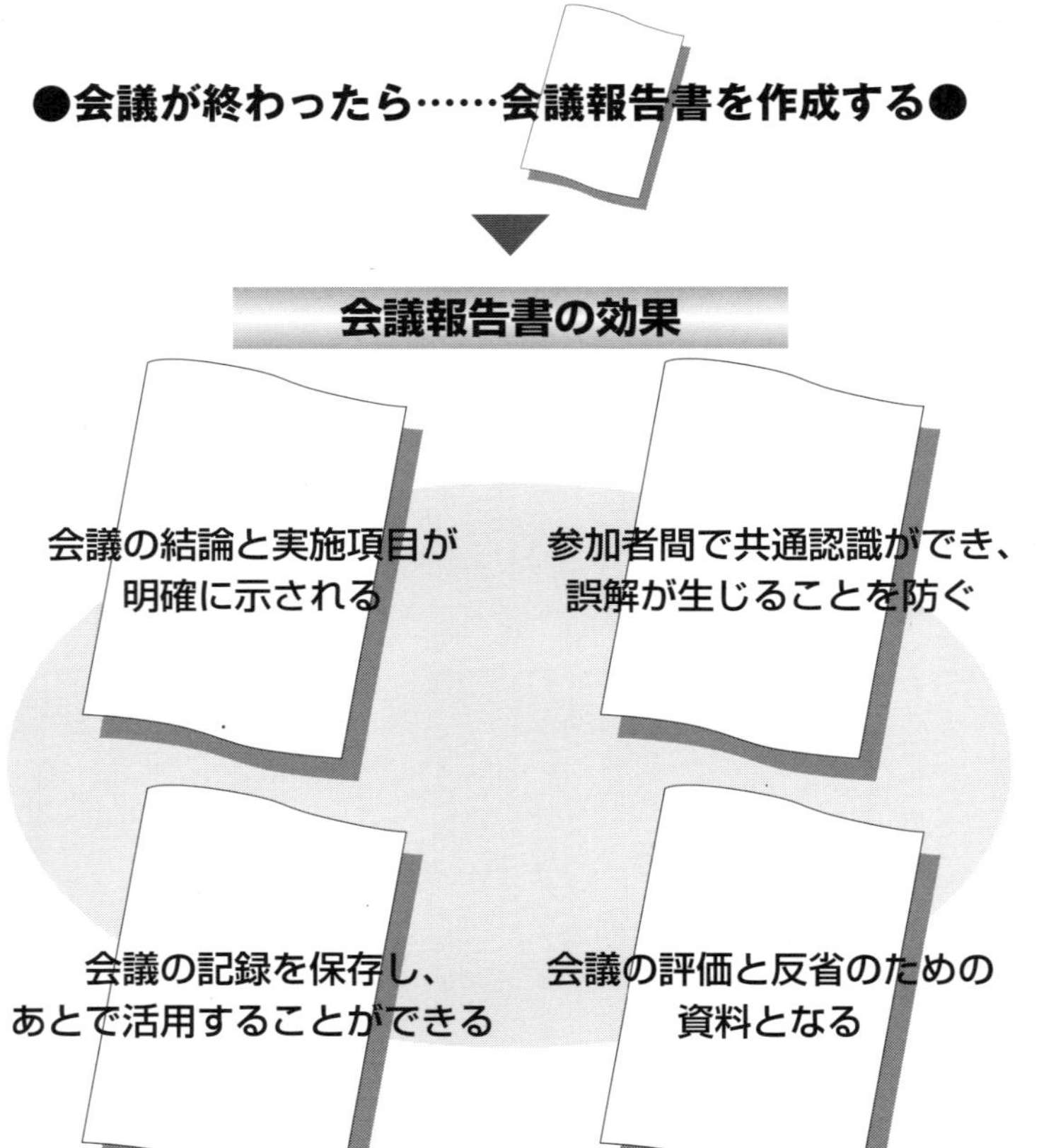
●会議が終わったら……会議報告書を作成する●
会議報告書の効果
会議の結論と実施項目が明確に示される
参加者間で共通認識ができ、誤解が生じることを防ぐ
会議の記録を保存し、あとで活用することができる
会議の評価と反省のための資料となる

実践　会議報告書のひな型

会議名	
開催日時	○○年□月△日（○曜日）　13:00～14:30
開催場所	本社□階　○○会議室
主催者： 司　会： 記録係：	出席者：
議事内容	1.発表事項 2.決定事項 3.検討事項 ① ② ③ 4.次回検討事項 ① ② 5.特記事項 6.次回開催予定日 日時：○○年□月△日（○曜日）　15:00～17:00 場所：本社□階　○○会議室
作成者	
報告書確認者	…………………　印

会議報告書の
ひな型を作っておくと、
いつでも流用できて
効率的だ！

会議報告書は箇条書きにして、一読しやすいものとする。会議が終わったらすぐに作成作業に入らなくてはならないが、同時に正確性も重視されるのでミスは厳禁である。

STEP 6

7 見やすい報告書を作るヒントを教えて下さい。

答え

大事な七つの原則を踏まえて、わかりやすい報告書を作ろう。

会議報告書は、会議に出席した人だけでなく、決定事項にかかわりのある人全てにわかりやすくする必要がある。そのため、書式、内容ともに基本ルールに従って書くのが一番。書式はＡ４判に一枚が基本で、プロジェクターを利用している場合は、パソコンで編集すれば、簡単に作ることが可能だ。

　内容面では記録係の書いた記録をもとに作る。そのため記録係は、記録をとる際には精度、表現方法などに注意しておこう。

　わかりやすい会議報告書を作るコツは、まず事実に基づいた内容のみを公正かつ客観的に、簡潔かつ正確に書くこと。日時や固有名

基本 わかりやすい会議報告書

会議報告書だね……
なるほど
Ａ４用紙にしっかりまとめられていて
非常に読みやすい
こちらは図版と表か……
むぅ、こちらはしっかり別紙に分けてあるな
ほほぅ
これはわかりやすい報告書だ

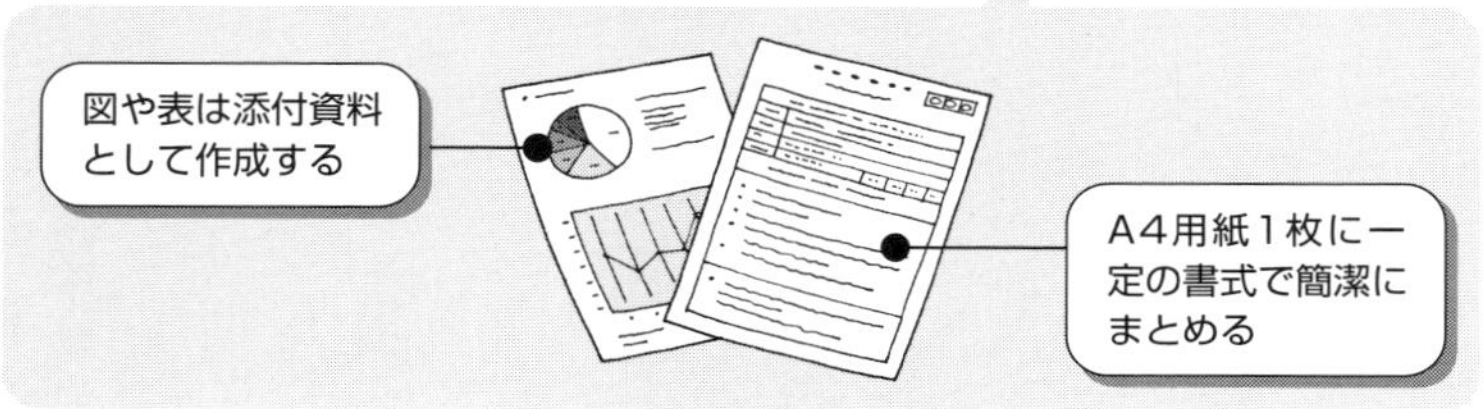
図や表は添付資料として作成する
A4用紙１枚に一定の書式で簡潔にまとめる

作成した会議報告書は……

バインダーファイリング	文書をバインダーに綴じて保管する。文書が紛失する恐れが少ない。
ボックスファイリング	A4サイズに合わせたボックスにファイルを入れて保管する。
電子ファイリング	文書をCDやフロッピー、MOで保存する。コンパクトに大量の文書を保管できる。
データベース保存	文書をパソコン本体の中で保存する。
バーチカルファイリング	文書をV字型のフォルダーに入れ、引き出しに保存する。

実践 わかりやすい会議報告書の7大原則

1 簡潔に書く

箇条書きで、一文一文を短くすることを心がけ、長い文章にならないようにする。図版は別紙に参照図版としてをまとめる。

2 公正な立場で書く

個人的な意見や評価は入れず、事実に即した内容を記録する。特定の参加者の立場に偏ったり、上司や先輩に迎合した書き方は厳禁。

3 具体的な表現で書く

あいまいな表現は避け、決定事項と実施項目がはっきりわかるように書く。

4 決定に至ったプロセスを書く

どのような意見が出て、どのようなプロセスを経て、どのような結論に至ったのかを正確に書く。

5 会議後、何をするのかを明確に書く

会議後に参加者が実施する項目は、いつまでに、誰が、何をするのか明確に書く。

6 決定された案の根拠を明示する

採用された意見の採用理由を明示し、あとで疑問が起こることを防ぐ。

7 反対意見の否決理由を明確にする

否決された反対意見の否決理由を明らかにし、あとで疑問が起こることを防ぐ。

詞など、具体的な表現を使う。決定に至るプロセスと決定の理由を明確に書く。同時に反対意見の否決理由もしっかり書くこと。そして、実施計画を明示する。

　報告書が完成したら、これを必要な人に配り、一部をファイリングする。配る相手は、会議の参加者全員と欠席者のほか、会議の責任者に相談して、会議の決定に何らかの関係のある人にも配布しよう。

　ファイリングは、紙ならばバインダーやボックス、バーチカルが一般的だ。最近では紙ではなく、電子ファイリング、パソコンデータベースなどの方式がある。これならば量が増えても心配がなく、記録を活用する際にも、保存するにも便利である。

STEP 6

8 決定事項を確実に実行させる方法はありますか？

答え

誰が何をいつまでにやるのかを明確にした実施計画書を配布しよう。

基本 実施計画書の作り方

会議が終わってすでに
1週間……
まだ誰も
決定事項を実施していない
じゃないか

こうした事態にならないために、実施計画書を作成する

実施項目
担当者
スケジュール
備考
当社新製品売上のデータベース化
山田山男
5/22～6/30
宣伝課佐々木氏と連携
誰が何を担当するかを明記し、担当の範囲や期限を具体的に記す。
実施方法を具体的に示し、報告先はどこにするかまで明記する。

会議での決定事項を報告書にまとめたら、これに基づき決定事項の実施計画書を作成するとよい。実施計画書を配布すれば、参加者もこのあと自分が何をすればいいのか認識できるので、実施項目が確実に実行されるようになる。

会議後に重要なことは、決定事項をきちんと実行していくことである。

そのための方策として、誰が何をいつまでに実行するのかをまとめた実施計画書を配っておく。

実施計画書の作成にあたっては、まずフローチャート図を作って考えるのがコツ。相互関係を確認し、ひとつの作業に必要な日数を計算していく。計画を立てる時には、実行の完成から逆算していくとわかりやすい。

ただし計画はあくまでも計画。決定事項が予定通り進まないこともある。その場合に備えて進行管理者を任命しておくべきである。

実践 決定項目が実施されなかったら

●会議の決定事項が実行されて初めて会議は成功といえる●

進行管理担当者を設定する

進行管理担当者は常に実施項目が実行されているかを管理し、業務の進行に関して報告を受ける。

進行状況に遅れが判明

全体の進行には関わらない部分的な遅れ	全体の進行に関わる重大な遅れ
担当者に遅れを取り戻すよう、調整を指示する。	上司に報告し、相談のうえ再度会議を開いて状況の打開に努める。

再会議の結果……

担当者に原因がある	担当者以外に原因がある
・本人の意識改革を促す ・遅れている担当者に協力者を勧める ・担当者を変更する	・作業を妨げる障害を除去する ・実施方法を再考する ・実施を容易にする環境を作る

進行管理者は遅れを発見したら、まず部分的な遅れか、全体の進行に影響を与えるものかをチェックする。簡単に調整ができる場合は担当者に指示してあたらせる。だが、全体に影響を与えるような遅れの場合は、上司に相談して再度打ち合わせを行なって対策を練る。そういう事態にならないために、新人担当者ならベテランを指導者につけたり、作業に問題がないような計画を立てておきたい。

こうして実行が順調に進めば、会議も有意義だったといえる。

会議は、決定事項を決める場であると同時に、人材育成を図る場でもある。技術面での能力や考え方の向上に加え、問題解決能力なども学んでいくのだ。

●参考文献　※下記の文献等を参考とさせていただきました。

『成功するプレゼンテーション』箱田忠昭、『会議が絶対うまくいく法』マイケル・ドイル＆デイヴィッド・ストラウス、『仕事常識平成オトナ道場』（以上日本経済新聞社）／『［話す・聴く・書く］技術！―対人コミュニケーション能力が驚くほど上達する』、『必ずうまくいく打ち合わせ＆ミーティングの技術』二木紘三、『話す技術・説得する方法』坂川山輝夫、『しぐさ・ふるまいでわかる相手の心理』渋谷昌三、『仕事の技術！』（以上日本実業出版社）／『論理的に相手を納得させる本―理詰めで説いてその気にさせる』檜谷芳彦、『知性を感じさせる話し方』永崎一則（以上すばる舎）／『勝利するプレゼンテーション』スティーブ・マンデル、『ファシリテーションの教科書』名倉広明（以上日本能率協会）／『論理的な話し方が身につく本』西村克己、『会議の技術―事前準備からファシリテーションの方法まで』八幡紕芦史（以上PHP研究所）／『だれでも成功する会議の開き方・進め方』千名貴志監修、『成功するプレゼンテーションの技術』田中京子（以上実業之日本社）／『会議の心得』社会経済生産性本部編（生産性本部出版）／『会議は誰が仕切るかで決まる』西村克己（中経出版）／『会議・ミーティングの上手なやり方』福田健（かんき出版）／『会議の技法』吉田新一郎（中央公論新社）／『「話す力」の鍛えかた』永崎一則、『「話す力」が面白いほどつく本』櫻井弘（以上三笠書房）／『会議はナゼ失敗するか』石川昭（日刊工業新聞社）／『話すセンス―プレゼン・商談が変わる』守谷雄司（中央経済社）／『心理戦で絶対に負けない本』伊東明・内藤誼人（アスペクト）／『すごい会議』大橋禅太郎（大和書房）／『大人の説明術』中島孝志（主婦の友社）／『プレゼンテーションの基本がわかる本』高橋憲行（大和出版）／『図解戦略経営に活かす兵法入門―勝利を導く普遍の法則』西村克己・武田鏡村（東洋経済新報社）／『会議で事件を起こせ』山田豊（新潮社）／『魅せる技術―ビジネスでモテる、自己演出の教科書。』西松眞子（インデックス・コミュニケーションズ）／『プレゼンテーションの技法』作山宗久（TBSブリタニカ）／『仕事は「段取り」次第で決まる』本田尚也（ぱる出版）／『実りある会議・ミーティング「話し合い」の新技術』堀公俊、『「稼ぐサラリーマン」の仕事術　キヤノンの掟』プレジデント編集部（以上プレジデント社）／『絶対にうまく「話せる」ようになる講座』大嶋利佳（秀和システム）／『プレゼンの鬼』戸田覚（翔泳社）／『すぐに解決！会議術』ロス・ジェイ、『企画書　実践編』高橋憲行（以上ダイヤモンド社）／『あたりまえだけどなかなかできない会議のルール』宇都出雅巳（明日香出版社）

弘兼憲史（ひろかね　けんし）

1947年山口県生まれ。早稲田大学法学部卒。松下電器産業販売助成部に勤務。退社後、1976年漫画家デビュー。以後、人間や社会を鋭く描く作品で、多くのファンを魅了し続けている。小学館漫画賞、講談社漫画賞の両賞を受賞。家庭では２児の父、奥様は同業の柴門ふみさん。代表作に、『課長 島耕作』『部長 島耕作』『加治隆介の議』『ラストニュース』『黄昏流星群』ほか多数。『知識ゼロからのワイン入門』『知識ゼロからのカクテル＆バー入門』『知識ゼロからの簿記・経理入門』知識ゼロからの企画書の書き方』『知識ゼロからの敬語マスター帳』『知識ゼロからのM＆A入門』『知識ゼロからのシャンパン入門』（以上、幻冬舎）などの著書もある。

装幀　カメガイ　デザイン　オフィス
装画　弘兼憲史
本文漫画　『課長 島耕作』『部長 島耕作』『取締役 島耕作』『常務 島耕作』『ヤング 島耕作』（講談社刊）より
本文イラスト　中村知史
本文デザイン　FROGRAPH
編集協力　ロム・インターナショナル
編集　福島広司　鈴木恵美（幻冬舎）

知識ゼロからの会議・プレゼンテーション入門

2007年10月10日　第１刷発行
2015年７月10日　第５刷発行

著　者　弘兼憲史
発行人　見城　徹
編集人　福島広司

発行所　株式会社 幻冬舎
〒151-0051　東京都渋谷区千駄ヶ谷4-9-7
電話　03-5411-6211（編集）　03-5411-6222（営業）
振替　00120-8-767643
印刷・製本所　株式会社 光邦

検印廃止

ISBN978-4-344-90112-4 C2095
Printed in Japan
幻冬舎ホームページアドレス　http://www.gentosha.co.jp/
この本に関するご意見・ご感想をメールでお寄せいただく場合は、comment@gentosha.co.jpまで。